PERFECT
COLOR
TAROT

초 보 자 를 위 한 가 이 드 북

PERFECT COLOR TAROT

퍼펙트 컬러타로

Louratarot & Academy

김태인 지음

좋은땅

프롤로그

이번에 출간하게 된《퍼펙트 컬러타로》책은 여러 해 동안 상담 시 타로카드와 색을 융합하여 색채심리학과 타로의 의미를 자유롭게 발휘한 독특한 컬러타로에 관한 책입니다.

타로상담사와 미술심리상담사로 오랜 경험을 통해 축적한 노하우와 프로페셔널리즘, 그리고 깊이 있는 지식을 이 책 속에 담아냈습니다. 이 책은 타로에 대한 끊임없는 열정과 노력의 대결적 결과물이며, 독자들로 하여금 실제 상담 시 컬러타로의 도움으로 타로와 심리상담의 세계를 넓혀 갈 수 있게 도움을 줄 것입니다.

컬러타로는 인간의 삶을 다양한 측면에서 바라볼 수 있는 툴입니다. 이를 통해 자신의 성향과 성격, 자신의 내면에 깔려 있는 감정들을 파악할 수 있습니다. 자신만의 개성과 능력을 발견하고, 그것을 바탕으로 자신에게 맞는 진로와 직업을 선택할 수 있습니다.

또한, 컬러타로는 건강에 대한 이해와 금전, 연애, 심리 등의 다양한 측면에서 활용이 가능합니다. 각각의 색깔은 다양한 의미와 함께 녹아들어 있기 때문에, 이를 통해 자신의 삶을 살아가는 방식을 조금 더 지혜롭게 다룰 수 있습니다.

이 책은 퍼펙트 컬러타로카드의 이해를 도울 수 있도록 쓰인 책입니다. 각 컬러의 기초적인 정보와 활용법을 최대한 상세하고 구체적으로 설명하고 있으며, 컬러타로의 조합을 통해 색채심리학과 타로의 다양한 효과와 의미를 충분히 이해할 수 있게 도와줍니다. 또한 여러분이 꿈꿔 왔던 삶을 살 수 있도록 내면의 지혜와 인사이트를 제공하여 많은 독자들이 여러분의 말과 이야기에 공감할 수 있게 해 줄 것입니다.

이 책은 컬러타로를 통해 자신의 변화를 이루어 나갈 수 있는 방법 또한 함께 다루고 있습니다. 이 책을 통해 여러분들은 자신의 전반적인 삶에 대한 이해를 높일 수 있으며, 더 나은 삶을 살아갈 수 있는 방법을 찾을 수 있습니다.

이 책은 독자들이 컬러타로카드로부터 얻은 직관력과 창의력을 최대한으로 발휘할 수 있는 도구가 될 것입니다. 이 책을 보는 독자들은 색채심리학과 타로카드의 의미를 자세히 알아가며, 인생을 더욱 더 풍요롭게 채워 갈 수 있을 것입니다. 부디 이 책으로 인해 많은 사람들이 삶의 더 깊은 의미를 발견하고, 발전할 수 있기를 기원합니다.

2023. 3. 24.

Laura Tarot and Academy

김태인

목차

Chapter 2

Chapter 3

Chapter 4

Chapter

1

컬러타로란?

　컬러타로는 색채심리학과 타로카드를 결합한 것으로, 각각의 색상과 타로카드의 의미를 조합하여 미래에 대한 예측이나 자기 진단, 힐링 등에 활용되는 분야이다. 따라서, 이를 사용하는 주요 대상은 타로 혹은 점술에 관심이 있는 사람들이며, 최근에는 건강에 대한 관심이 커지면서 건강 운세를 확인하기 위해 사용하는 사람들도 늘어나고 있다.

　또한, 컬러타로는 미술 분야에서도 활용될 수 있다. 예를 들어, 그림의 컬러 조합과 미적 감각을 향상시키기 위해 미술학교에서 교육과정으로 사용되기도 한다. 또한, 그림의 분위기나 감정을 나타내기 위해 사용되는 색상을 타로카드와 매칭하여 심도 있게 분석할 수도 있다.

　자신의 감정, 건강, 삶의 방향성 등에 대해 연구하고 싶은 분야에서 컬러타로를 접목하여 사용할 수 있으며, 개인적인 호기심 혹은 예술적인 감각을 향상시키기 위해 사용될 수 있다. 또한, 컬러타로는 미래에 대한 예측을 위해 사용되기도 하므로, 타로나 점술에 관심이 있는 사람들 사이에서도 인기가 있는 분야다.

1) 색상이론과 색의 3요소

색상이론은 색깔을 어떻게 인식하고 구분하는지 이론적으로 설명하는 것이다. 색상이론은 크게 두 가지로 나뉜다.

1. 빛의 색상이론: 빛의 색상이론은 색깔이 어떻게 생성되는지를 설명한다. 빛의 색상은 주로 빨강(Red), 녹색(Green), 파랑(Blue)으로 구성된 RGB 색공간을 사용한다.

2. 물질의 색상이론: 물질의 색상이론은 물체가 어떤 색으로 보이는지를 설명한다. 물질의 색상은 크게 두 가지로 나뉜다. 첫째는 물체가 흡수하는 색깔에 따른 흡수 스펙트럼에 기초한 흡수 색상이다. 둘째는 물체가 반사하는 색깔, 즉 표면의 색상이다.

이러한 색상이론은 미술 분야에서는 색채감각, 색채이론, 색채심리학 등으로 다루어진다. 그 외에도 광학 분야, 컬러링 분야 등에서도 적용되는 중요한 주제다.

색은 빛의 파장 차이에 따라 눈에 들어오는 시각적인 경험이다. 이러한 빛의 파장은 물체에 반사되어 눈에 들어오는 것이기 때문에, 물체에 따라 보이는 색이 다르게 되는 것이다.

일반적으로 RGB(Red, Green, Blue)와 CMYK(Cyan, Magenta, Yellow, Key-black) 등의 색상 체계가 사용되며, 이 색상 체계는 주로 컴퓨터, 디지털 인쇄, 프린터 용지 등에 사용된다.

또한 빛의 삼원색 이론, 물질의 삼원색 이론, 주관적 색의 이론(색채이론) 등 다양한 방법으로 색상을 해석하고 이해하려는 시도가 계속되고 있다.

이러한 색상이론은 색채 이해, 컬러링, 제품 디자인 및 컬러 조화 등과 같은 분야에서 적용되고 있다.

색의 3요소

1. 색상: 색상은 빛의 파장의 길이에 따라서 결정된다. 빨간색, 파란색, 노란색 등과 같이 관측된 색을 나타내는 것이다.

2. 채도: 채도는 색상이 얼마나 선명하고 원색에 가까운지를 나타내는 값이다. 동일한 색조에서, 채도가 낮을수록 원색에 가깝지 않고, 탁하게 보인다.

3. 명도: 명도는 색의 밝기나 어둡기 정도를 나타내는 값이다. 밝은 색은 높은 명도값을 가지며, 어두운 색은 낮은 명도값을 가지게 된다.

이러한 3요소는 색상을 구성하며, 이 3요소의 조합에 의해 우리는 다양한 색을 인식한다. 색에서 색상, 채도, 명도를 조절하여 우리가 의도하는 색을 만들어 내는 것을 조색이라고 한다.

2) 색채치료란?

색채치료는 특정한 색을 사용하여 인체의 심리적, 생리적인 반응을 유도하는 것이다. 색채치료는 상담, 요가, 마사지와 같은 대체 요법과 함께 사용되며, 정신 건강과 치료, 건강한 생활 방식을 위한 치료 등에 활용된다.

색채치료는 색깔이 각기 다른 빛을 방출하므로, 각각의 색깔은 다른 빛 파장으로 인식된다. 이 말은, 우리 몸이 이러한 빛 파장에 반응을 보일 수 있는 것이다. 이 반응은 색채 요법의 주요 이점으로 간주된다.

색채치료의 이점은 각 색깔이 다른 심리/생리적 효과를 가지므로 특정 목적을 위해 사용할 수 있다는 것이다. 예를 들어, 빨간색은 흥분과 성적인 활동을 증가시키는 반면 파란색과 초록색은 진정과 집중력 향상에 유익하다. 예를 들어 빨간색은 흥분과 성적인 활동을 증가시키는 효과가 있다. 이에 반해 파란색과 초록색은 진정과 집중력 향상에 유익하다. 따라서, 색채치료는 특정한 목적, 문제, 환경 등에 따라 효과적으로 사용할 수 있다.

하지만, 색채치료는 단독으로 질병을 치료하기 위한 대안 요법으로 사용되어서는 안 된다. 의학적인 상담, 진단, 치료는 반드시 의료 전문가와 함께 이루어져야 한다.

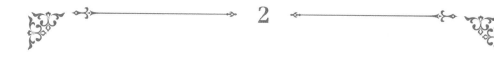

컬러타로의 역사

　타로의 역사는, 일반적으로 15세기 이후에 이탈리아에서 시작되었다고 알려져 있다. 초기 타로카드는 마치 현대의 일반적인 플레잉 카드와 비슷한 카드 세트를 사용했다. 시간이 흐르며 발전 과정에서 점차 이탈리아의 문화, 영적 신념 및 신화를 반영하도록 이미지가 변경되었다. 이탈리아에서 발전한 타로는 다른 유럽 국가로 확산되어 영국, 프랑스, 독일, 스페인 등의 나라에서도 인기를 끌게 되었다. 이후에는 제작법과 이미지 등이 변화하면서 다양한 형태의 컬러타로가 등장하게 되었다.

3

컬러타로의 이해

1) 상담이론과 상담사의 자질

상담은 집단이나 개인의 문제, 갈등, 스트레스, 감정, 인간관계 등에 대해 이해하고, 대처하는 과정을 말한다. 상담 과정은 예비상담, 문제파악, 목표제시, 계획 수립, 실행 등의 단계를 포함한다. 현재 학교, 직장, 정치, 의료, 변호, 종교 기관 및 사회복지 등에서 다양한 분야에서 상담이 진행되고 있다.

상담은 일반적으로 공감과 비판적 태도, 적극적인 듣기, 전문적인 지식, 적절한 질문 및 활용을 통해 진행된다. 상담자는 클라이언트를 돕기 위해 전문적인 능력과 윤리적인 규범을 준수해야 한다.

상담은 다양한 형태로 이루어질 수 있으며, 대화를 통해 문제를 해결하거나 지원을 제공하기도 한다. 상담은 내담자의 자아계발, 능력향상, 성장, 조작, 웰빙 촉진 등에도 대단히 유용하다. 상담을 통해 사람들은 자신의 삶에서 더 나은 선택과 행동을 할 수 있으며,

자신감과 삶의 질을 향상시킬 수 있다.

2) 타로 상담이란?

타로 상담은 타로카드를 활용하여 내담자의 현재 상황과 문제, 미래 전망 등에 대해 예측하고 조언한다. 컬러타로카드는 모양, 다양한 색상, 상징 등으로 구성된 78장의 카드 덱으로, 각각의 카드는 고유한 의미와 상징을 가지고 있다.

타로 상담은 내담자의 문제 해결과 자아성장, 미래 전망 등에 유익하게 활용될 수 있다. 상담자는 카드를 섞은 다음, 내담자가 직접 카드를 고르게 한다. 내담자가 자신 앞에 놓은 카드들을 해석하며, 이를 통해 내담자에게 조언하거나 방향을 제시한다. 상담은 일반적으로, 대화, 집중력, 공감 능력 등을 바탕으로 진행된다. 상담자는 내담자의 요구와 관심사에 맞춰 상담을 진행한다.

타로 상담은 예측 자체보다는 내담자의 문제와 고민에 집중하며, 내담자가 스스로 삶에 대한 방향성을 찾을 수 있도록 도와주는 데 중점을 둔다. 또한, 타로카드는 자신의 인위적인 의지력을 강조하므로, 내담자가 삶을 주도하는 데 도움이 된다. 그러므로, 타로 상담은 자기 계발과 성장, 불안과 스트레스 해소, 미래 전망 등 다양한 목적을 위해 활용될 수 있다.

3) 타로 상담 시 주의할 점

타로 상담은 내담자의 문제를 돕기 위한 상담 기술의 일종이다. 상담자는 타로카드를 사용하여 미래를 예측하고, 문제 해결을 위한 방향성을 제시한다. 하지만, 타로 상담을 진행할 때 주의해야 할 점이 있다.

(1) 타로카드 해석의 제한성 인식

타로카드는 미래를 예측할 수 있는 자원의 대상이 아니며, 타로카드 상담에 참여하는 내담자는 카드의 내용에 따라 행동을 바꿔야 하는 부정적인 행동을 택할 수 있다.

(2) 일관성 있게 상담 진행

상담이 진행되는 과정에서 일관성 있는 성격을 유지할 필요가 있다. 내담자에게 약속한 내용을 다양한 측면에서 단호하게 지켜야 한다.

(3) 비판과 과도한 평가

상담자는 내담자를 평가하거나 비판하지 않아야 한다. 과도한 평가나 비판은 상담자와 내담자 사이의 신뢰성을 떨어뜨리고, 전반적인 상담 효과를 감소시킬 수 있다.

(4) 상담자의 생각과 의견 제외

상담자는 내담자와의 대화에서 자신의 생각과 의견을 제외해야 한다. 전문적인 지식과 상담 기법을 바탕으로 내담자가 직면한 문제에 대한 조언과 지원을 제공하는 것이 좋다.

(5) 도덕적인 원칙 지킴

상담자는 도덕적인 규칙을 지켜야 한다. 내담자의 신뢰와 비밀은 지켜질 수 있도록 보호해야 한다.

이러한 주의사항을 지켜가면서 상담을 진행하되, 내담자가 가져오는 문제 상황에서 상담자는 자신의 경험과 지식을 잘 활용해 내담자를 돕는 것이 좋다.

4) 상담사에게 필요한 자질

(1) 신뢰성과 안전성

상담사는 내담자에게 신뢰성과 안전성을 보장할 수 있어야 한다. 상담 과정에서 내담자의 비밀과 개인정보를 충분히 보호해 줄 수 있어야 하며, 도덕적인 규범과 윤리적인 원칙을 제대로 따를 수 있어야 한다.

(2) 공감과 이해

내담자는 상담사에게 자신의 이야기를 맡기게 된다. 그러므로, 상담사는 공감과 이해의 능력이 높아야 하며, 적극적인 듣기와 활발한 대화를 통해 내담자의 문제를 판단하는 능력이 필요하다.

(3) 전문성

상담사는 상담 기법에 대한 전문 지식을 가지고 있어야 하며, 상담 기법을 세심하게 다룰 수 있는 능력을 갖추어야 한다.

(4) 열정과 도움

상담사는 열정과 도움의 능력이 있어야 하며, 내담자에게 긍정적인 영향을 미칠 수 있는 다양한 조언을 제시할 수 있어야 한다.

(5) 인간관계 능력

상담사는 인간관계 능력이 필요하다. 내담자와 원활한 대화를 이어 나갈 수 있도록 다양한 대인관계 기술과 소통 능력을 연습해야 한다.

(6) 자기 성찰

상담사는 자기 성찰과 자기 검토를 통해 발전할 수 있는 능력이 필요하다. 결정적인 선택과 대처 방식 등에 대한 문제를 감지하고, 이를 극복하기 위한 심리적인 자원과 생각하는 능력 등이 필요하다.

이러한 요건들은 내담자들과 대면하지 않고 전화로만 상담을 하거나 온라인 사용하는 경우, 언어적 수용력과 문화감수성도 중요한 역할을 한다. 상담사는 자신의 경험과 전문성을 바탕으로 이러한 요건을 충족시킬 수 있는 노력을 계속하여야만 한다.

5) 타로 상담사의 직업 미래성

컬러타로는 현재 성장하는 예술, 미술, 심리학 등의 분야와 관련이 있기 때문에 장래에도 인기가 있을 것으로 예상된다. 특히, 심리적인 문제나 감정적인 고민을 가진 사람들이 컬러타로를 찾는 경우가 많기 때문에 컬러타로의 인기는 더욱 높아질 것으로 보인다.

또한, 최근에는 온라인 상담이 더욱 활성화되고 있어서, 온라인으로 타로 상담을 제공하는 사람들도 많아지고 있다. 이러한 추세로 인해 컬러타로 상담사는 오프라인과 온라인 모두에서 수요를 끌어낼 가능성이 있다.

타로 상담사는 고객의 문제를 해결하고 조언을 제공하는 마음의 치유사와 같은 역할을 한다. 그러므로, 적극적인 자기관리와 지속적인 교육과 꾸준한 실력 향상이 필요하다. 이러한 노력과 고객을 위한 전문적인 상담이 더해진다면 타로 상담사의 미래성은 높아질 것이다.

6) 컬러타로를 상담 시 적용 방법

1. 질문에 대한 대답 색 선택: 컬러타로카드 중 하나를 뽑고, 상담 대상자에게 질문을 하고, 대답에 대한 색을 선택하도록 유도하여 활용할 수 있다.

2. 색상 그룹화를 통한 분석: 각 색상이 가진 의미를 분류하고, 비슷한 의미를 가지는 색상들을 그룹화하여 상담 대상자의 문제에 대한 분석에 활용할 수 있다.

3. 심리 테스트로 활용: 컬러타로카드 중 몇 장을 뽑아서 각각의 색상에 대한 질문을 하여 상담 대상자의 심리 상태를 판단할 수 있다.

4. 컬러타로카드로 인식 실험: 컬러타로카드 중 하나를 선택한 후, 해당 색상이 지닌 의미를 분석하고, 이를 상담 대상자에게 전달하여 그를 인식 실험에 참여시켜 볼 수 있다.

5. 미술 치료로 활용: 컬러타로카드에서 뽑은 색을 가지고 미술 작품을 만들게 함으로써, 상담 대상자의 정서를 표현하게 하고, 상담 대상자의 내면적 인문학적 부작용을 줄일 수 있다.

6. 메이저 카드로 구분된 7가지 컬러(빨강, 주황, 노랑, 초록, 파랑, 남색, 보라색)는 다시 3가지로 구분되어 있다.
   인간의 마음은 그만큼 복잡하고 다양하기 때문이다. 같은 라이트 레드라도 정방향일 때의 색은 연한 레드의 모습이라면 역방향일 때는 본연의 레드의 모습에 가깝다고 해석해도 좋다.
   마찬가지로 정방향의 딥 레드는 레드의 속성에 더 가깝지만 역방향의 딥 레드는 딥 레드 본연의 속성에 더 가깝다고 해석한다.

7) 컬러타로와 인간의 감성

컬러타로는 인간의 감성과 연관성이 높은 것으로 알려져 있다. 각각의 색깔은 특정한 의미와 감정을 나타내며, 사람들의 무의식적인 심리적 상태를 표현할 수 있다. 예를 들어, 빨간색은 열정과 적극성, 노란색은 창의성과 활기, 파란색은 진정과 고요, 초록색은 재생과 성장 등의 의미를 지니고 있다. 컬러타로는 이러한 색깔과 의미를 이용해 인간의 감성을 파악하고, 상담이나 발전을 위한 방향성을 제시할 수 있다.

8) 상담 시 컬러타로를 사용할 경우 효과

1. 컬러타로는 상담자가 자신의 감정과 상황을 시각화할 수 있게 도와준다.
2. 색상 간의 조화를 이용해 상담자의 내면적인 갈등을 해소하는 데 도움을 줄 수 있다.
3. 상황에 따라 강한 감정을 가진 상담자에게 더 나은 이해와 공감을 제공할 수 있다.
4. 컬러타로는 상담자가 일상적으로 놓치는 시각적인 면을 강조하여 보다 폭넓은 시각으로 상황을 바라볼 수 있게 해 준다.
5. 컬러타로는 인간 사이의 상호 작용을 이해하는 능력을 향상시키는 데 도움을 줄 수 있다.

9) 컬러타로의 장점

컬러타로는 타로카드와 마찬가지로 미래를 예측하고, 문제 해결을 위한 방향성을 제시하는 상담 기술 중 하나이다. 다만, 타로카드 대신 색을 사용하여 내담자의 미래를 예측하며, 컬러심리학에 따라 색상의 의미와 상징을 해석한다.

(1) 직관적인 해석이 가능하다

색은 매우 직관적이며, 대부분의 사람들은 특정 색상에 대하여 비슷한 느낌을 공유한다. 이러한 특성으로 인해 컬러타로를 활용하면 더욱 직관적이고 명료한 해석이 가능하다.

(2) 다양한 상황에서 활용이 가능하다

컬러타로는 타로카드와 마찬가지로 다양한 상황에서 활용이 가능하다. 직장, 학업, 연애, 가족 등 다양한 분야에서 문제와 고민을 해결할 수 있는 방향성을 제시한다.

(3) 심리적인 안정감을 제공한다

컬러타로카드의 색상은 각각의 의미와 상징성을 가지고 있다. 이러한 상징성을 바탕으로 상담자는 내담자에게 안정감을 제공하고, 문제를 해결하는데 실질적인 도움을 주는 데 중점을 둔다.

(4) 예측적인 성격이 강조된다

컬러타로는 타로카드와 마찬가지로 예측적인 성격이 강조된다. 그러나 상담자는 내담자가 스스로 상황과 문제를 해결하는 데 도움을 주는 역할을 할 뿐, 절대적인 인과관계를 제시하거나 판단하지 않는다.

(5) 개인에게 적합한 방식으로 활용이 가능하다

컬러타로는 타로카드와 마찬가지로 각각의 개인에게 맞는 해석 방식으로 활용이 가능하다. 상담자는 내담자에게 적합한 스타일과 해석 기법을 적용하여 컬러타로 상담을 진행한다.

따라서, 컬러타로는 직관적이고 다양한 상황에서 활용이 가능하며, 문제 해결에 대한 안정감을 제공하는 등 많은 장점이 있다.

Chapter
2

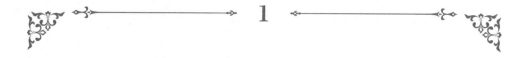

색채치료와 보석테라피

1) 색상별 치료 효과

색채치료는 특정한 색을 사용하여 인체의 심리적, 생리적인 반응을 유도하는 것이다. 색채치료는 상담, 요가, 마사지와 같은 대체 요법과 함께 사용되며, 정신 건강과 치료, 건강한 생활 방식 등에 이용된다.

색은 각기 다른 빛을 방출하므로, 각각의 색깔은 다른 빛 파장으로 인식된다. 이 말은, 우리 몸이 이러한 빛 파장에 반응을 보일 수 있다는 것이다. 이 반응은 색채요법의 주요 이점으로 간주된다.

색채치료의 이점은 각 색깔이 다른 심리/생리적 효과를 가지므로 특정 목적을 위해 사용할 수 있다는 것이다. 예를 들어, 빨간색은 흥분과 성적인 활동을 증가시키는 반면 파란색과 초록색은 진정과 집중력 향상에 유익하다. 따라서, 색채치료는 특정한 목적, 문제, 환경 등에 따라 효과적으로 사용할 수 있다.

하지만, 색채치료는 단독으로 질병을 치료하기 위한 대안 요법으로 사용되면 안 된다.

2) 컬러의 특성 및 색채치료 효과

1. 빨간색: 빨간색은 활동성이 높아진다. 또한 체온과 심장 박동수를 증가시키는 데 도움이 된다. 때문에 빨간색은 면역체계를 활성화시키며, 뇌를 자극하여 긍정적인 감정을 유발한다.

2. 노란색: 노란색은 정신적인 경각심과 집중력을 개선하는 데 유용하다. 다른 이점으로는 온도와 에너지 수준이 상승하여 새로운 생각을 찾을 때 도움이 되는 등 창의적인 역량을 높일 수 있다.

3. 파란색: 파란색은 진정, 평온, 안정성과 신뢰를 자극하는 등 마음의 안정을 위해 사용된다. 파란색의 불안 완화 기능은 사람들이 준비가 되지 않았거나 우승에 대한 경기에서 수행하기에 좋은 선택이 되어 주는 데 도움이 된다.

4. 초록색: 초록색은 생명과 자연, 회복력과 미래에 대한 축복을 나타내는 데 유용하게 쓰인다. 또한 불안감을 완화시키고, 충돌을 면하게 하며, 갈등 해소에도 도움이 된다.

5. 보라색: 보라색은 감정적 도전, 승리, 공상 등의 느낌을 나타내는 데 유용한 색이다. 보라색은 자신감을 높이며, 창의력을 더 높여 주어 경우에 따라 고난에 대한 자신감을 강화하는 데 도움이 된다.

6. 주황색: 주황색은 창조성 스파크와 열정을 자극하며 활력을 부여하는 색이다. 이는 마치 나무 위에서 놀고 있는 열정적인 새처럼 느낄 수 있어 효과적으로 사용된다.

7. 흰색: 흰색은 깨끗함, 순수함, 새로운 출발 및 단순함을 나타내는 데 사용된다. 사람이나 환경에서 오는 스트레스와 불안을 완화하고 긍정적인 생각과 감정을 유지하는 데 도움이 된다.

8. 검정색: 검정색은 신비, 초연함, 슬픔, 고통 등을 나타내기도 한다. 하지만, 검정색은 어둠이 아닌, 진실함, 깊이, 힘듦을 가꾸는 데도 효과적이다. 깊이 있는 감정으로 가라앉히는 곳에 사용된다.

9. 회색: 회색은 개인의 신념, 차분함, 적응력, 회복력, 수용성 등을 나타내기도 한다. 그래서, 회색은 마음을 비우는 데 탁월한 선택지가 될 수 있다.

10. 분홍색: 분홍색은 사랑과 행복, 희망 및 친밀감 등을 나타내는 색이다. 이는 사람들이 긍정적이고 따뜻한 감정을 유지하는 데 도움이 된다.

11. 보라색: 보라색은 감성적으로 대담함, 전문성, 관습 위반, 신비한 것 등을 나타내기도 한다. 보라색은 개방적인 마음을 가진 사람들이 선호하는 색이다.

색상은 한 가지 목적에 특화되어 있지는 않지만, 특정 색상이 연출하는 효과는 다른 분야에서도 지속적으로 연구되고 있다. 그러므로, 올바른 조합을 사용한다면 놀라운 효과를 발휘할 수 있다

3) 컬러테라피란?

컬러테라피는 색채를 이용해 심리적, 정신적, 생리적인 문제를 치료하는 대체 요법이다. 이는 각 색깔이 다른 빛 파장으로 인식되기 때문이다. 이러한 빛 파장은 우리 신체에

다르게 작용하며, 우리의 건강과 감정에 영향을 미친다.

컬러테라피는 다양한 방식으로 적용된다. 예를 들어, 색깔을 직접 볼 수 있는 방식으로 치료하는 것 외에도, 색깔을 고려하여 실내 장식과 색상 조합을 선택하는 방식 등도 적용된다.

각 색깔은 다른 심리/생리적 효과를 가지므로 특정 목적을 위해 사용할 수 있다. 예를 들어, 빨간색은 흥분과 성적인 활동을 증가시키는 데 사용되고, 반면 파란색과 초록색은 진정과 집중력 향상에 유익하다. 따라서, 색채치료는 특정한 목적, 문제, 환경 등에 따라 효과적으로 사용할 수 있다.

4) 보석테라피란?

보석테라피는 다양한 보석과 크리스털을 이용해 심리적, 정신적, 생리적인 문제를 개선하는 대체 요법이다. 각 보석마다 고유한 에너지 필드가 있으며, 이것들은 우리 몸의 에너지와 상호 작용하여 생체 에너지에 긍정적인 영향을 끼친다.

각 보석은 다양한 질병과 문제들에 대해 특정한 효과를 가지고 있다. 예를 들면 황옥은 스트레스와 불안을 완화시킬 수 있고, 자수정은 감정 조절 및 평온함을 제공할 수 있다. 이러한 보석들을 다양한 형태로 전개하여 사용할 수 있다.

보석테라피는 침술, 마사지, 산책과 같은 다른 요법과 함께 함께 사용할 수 있다. 보석을 통한 에너지 전달로 감정적, 정신적, 물리적인 사항들에 영향을 줄 수 있다. 그리고 일명 "반응성 크리스털"이 존재하여 개인이 보유한 에너지와 상호 작용하며 유익한 대안 요법으로도 사용되고 있다.

5) 탄생달에 해당하는 탄생석의 의미

다음은 각 월에 해당하는 탄생석 목록이다. 이외에도 다른 나라에서는 다른 명칭을 쓰기도 하나, 대표적인 이름들은 다음과 같다.

월	탄생석	색상
1월	가넷(Garnet)	빨간색, 보라색, 노란색, 갈색
2월	자수정(Amethyst)	보라색
3월	아쿠아마린(Aquamarine)	파란색
4월	다이아몬드(Diamond)	무색, 파란색, 빨간색, 갈색, 초록색, 노란색
5월	에메랄드(Emerald)	초록색
6월	진주(Pearl)	진주, 회색, 백색, 흑색, 아이보리색
7월	루비(Ruby)	빨간색
8월	페리도트(peridot)	초록색
9월	사파이어(Sapphire)	파란색, 분홍색, 노란색
10월	오팔(Opal)	백색, 회색, 검정색, 투명색, 분홍색
11월	토파즈(Topaz)	파란색, 무색, 노란색, 빨간색, 주황색
12월	터쿼이즈(Turquoise)	하늘색, 초록색

6) 보석테라피 효능

(1) 가넷(Garnet)

- 에너지 및 자신감 증진: 가넷은 에너지 및 자신감을 증진시키는 데 도움이 된다. 가넷은 주위의 에너지를 자신의 에너지에 흡수시키는 특성을 가진다.
- 균형 잡기 및 체력 개선: 가넷은 몸의 균형을 잡아주며 체력을 개선시켜 주는 효과가 있다고 한다. 또한, 혈액순환을 촉진하면서 감염 예방 효과도 있다.

(2) 자수정(Amethyst)

- 스트레스 완화 및 편안한 수면 촉진: 자수정은 스트레스를 완화하고 편안한 수면을 촉진하는 데 사용된다. 또한, 평화와 안정을 기본적인 관심사로 취급하며 구역질, 무기력, 불안, 불면증, 인테리어 장식 등 다양한 목적을 위해 사용된다.
- 집중 및 창의력 향상: 자수정은 집중력과 창의력을 향상시키는 데 도움이 된다. 또한, 실제로 자수정을 수명 확장과 같은 목적으로 취급하기도 한다.

(3) 아쿠아마린(Aquamarine)

- 소통 및 자기표현 증진: 아쿠아마린은 소통, 자기표현, 감성적인 재생 등을 촉진시키는 데 도움이 된다. 또한, 강한 힐링 효과를 가진 희망의 보석이라고 한다.
- 우울증 완화: 아쿠아마린은 우울증을 완화시키는 데 도움을 주고, 마음을 안정시켜 준다.

(4) 다이아몬드(Diamond)

- 에너지 및 자신감 증진: 다이아몬드는 에너지 및 자신감을 증진시키는 데 도움이 된다. 또한, 다이아몬드는 약점을 보완하고 마음에 희망의 빛을 일깨워 주는 상징으로도 사용된다.
- 집중 및 창의력 향상: 다이아몬드는 집중력과 창의력을 향상시키는 데 도움이 된다. 또한, 긴장을 완화하고 압박감을 줄여 준다.

(5) 에메랄드(Emerald)

- 순수한 사랑과 인내력 강화: 에메랄드는 순수한 사랑과 관련된 감정을 강화하는 데 도움이 된다. 또한, 인내력과 관련된 감정을 강화하고 삶의 전체적인 관점을 포용하는 데도 도움이 된다.
- 치유와 건강: 에메랄드는 유익한 플루이드를 통해 인체에서 독소를 제거하고 혈액순환을 촉진하는 데 도움이 된다. 또한, 시력에 대한 고민, 애증의 질환, 및 심장, 간, 신

장, 스킨 문제 등에 사용될 수 있다.

(6) 진주(Pearl)

- 힐링: 진주는 힐링, 행운, 희망의 상징으로 사용된다. 또한, 기분을 좋게 하고 생명력을 유지하는 데 도움이 된다.
- 외모 개선: 진주는 피부를 윤기 있고 복원력 있게 만들어 주며, 주름과 탄력상실을 줄이는 데도 도움이 된다.

(7) 루비(Ruby)

- 에너지 및 강화: 루비는 에너지 및 강화 효과를 가진다. 힘과 우기감을 향상시켜, 우울증을 줄이고 우려를 막을 뿐만 아니라, 자신감과 단호성도 향상시킨다.
- 신체적인 효과: 루비는 혈액순환을 촉진하며, 간, 빈혈, 갑상선, 목우저, 악성 질환, 성기능 문제 등 다양한 신체적인 문제에 사용된다.

(8) 페리도트(peridot)

- 페리도트는 대체로 수색 능력, 직관력, 영감 및 창조성을 키워 주는 효과가 있다. 또한, 대체로 정서적 안정감, 건강 개선, 집중력 향상 등의 효과도 기대할 수 있다.
- 신체적인 효과: 페리도트는 대체로 갈증 해소, 스트레스 완화, 편안한 수면 유도, 피로 회복 등의 치유 효과를 가지고 있다. 대체로 자신감을 갖고 새로운 것을 시도할 때 또는 예술적인 영감을 얻고자 할 때 사용할 수 있으며, 건강 및 정서적 안정을 추구하는 이들에게도 좋은 선택이다.

(9) 사파이어(Sapphire)

- 집중력과 직관력 향상: 사파이어는 집중력과 직관력 향상에 도움이 된다. 또한, 사파이어는 두뇌의 기능을 개선시키는 데 도움을 주며, 멘탈 강화와 문제 해결 능력을 향

상시켜 준다.

- 자신감의 증진과 평안함: 사파이어는 자신감을 증진시키고, 평안감과 스트레스 완화에도 도움이 된다. 또한, 불쾌한 감정에 대해서도 완화시켜 주며, 정서적인 회복력을 촉진시킨다.

(10) 오팔(Opal)

- 뇌 기능 개선과 집중력 향상: 오팔은 뇌 기능을 개선하고 집중력을 향상시키는 데 도움이 된다. 또한, 진정 및 구역질을 완화하는 데도 사용된다.
- 진행성 장애 예방 및 균형 유지: 오팔은 신경계 기능을 개선하며, 진행성 장애를 예방하고 균형을 유지하는 데 도움이 된다. 또한, 몸과 마음을 안정시켜 주고, 신체적인 회복력을 촉진시키는 데도 사용된다.

(11) 토파즈(Topaz)

- 자신감 증진과 정신력 개선: 토파즈는 자신감을 증진시키고, 정신력을 개선하는 데 도움이 된다. 또한, 긴장을 완화하고, 스트레스를 줄여 준다.
- 치유와 에너지 공급: 토파즈는 치유와 에너지 공급 효과가 있다고 알려져 있다. 건강을 완화하고, 부정적인 운을 제거하는 데도 도움이 된다.

(12) 터쿼이즈(Turquoise)

- 에너지 및 정화: 터쿼이즈는 에너지 및 크리스탈의 정화에 도움이 된다. 또한, 마음과 몸의 에너지를 균형잡아 흐름을 개선하는 데도 효과적이다.
- 피로 완화와 개선: 투르말린은 피로를 완화하고, 몸의 힘을 강화하는 데 도움이 된다. 또한, 신체적인 힘이 강해지는 데도 유용하며, 소화 및 림프순환 개선 또한 효과적이다.

이러한 보석들은 각자의 고유한 효능을 가지고 있으며, 다양한 방식으로 보석테라피에 활용된다. 그러므로, 집중력 개선, 마음과 몸의 균형 유지, 건강 등의 목적을 위해 사용할 수 있다.

7) 탄생월에 해당하는 별자리와 컬러

각 달의 탄생 별자리는 다음과 같다.

점성학에서는 양자리부터 시작하지만 이 책에서는 색채를 기반으로 설명을 하고 있기에 이해가 쉽도록 1월부터 서술하였다.

월	별자리	색상
1월	염소자리(Capricorn), 12/22~1/20	토성(Saturn), 검정색
2월	물병자리(Aquarius), 1/21~2/19	천왕성(Uranus), 검정색
3월	물고기자리(Pisces), 2/20~3/20	해왕성(neptune), 보라색
4월	양자리(Aries), 3/21~4/20	화성(Mars), 빨간색
5월	황소자리(Taurus), 4/21~5/20	금성(Venus), 초록색
6월	쌍둥이자리(Gemini), 5/21~6/20	수성(Mercury), 보라색
7월	게자리(Cancer), 6/21~7/22	달(Moon), 은색, 흰색
8월	사자자리(Leo), 7/23~8/23	태양(Sun), 황금색, 노란색
9월	처녀자리(Virgo), 8/24~9/23	수성(Mercury), 파란색
10월	천칭자리(Libra), 9/24~10/23	금성(Venus), 초록색
11월	전갈자리(Scorpio), 10/24~11/22	화성(Mars), 빨간색
12월	사수자리(Sagittarius), 11/23~12/21	목성(Jupiter), 파란색

이들은 천상계에서 각각 30도의 고정된 위치를 가지고 있으며, 그들의 이름은 그들이 이루고 있는 모양과 그들과 관련된 신화나 전설과 같은 이야기에 따라 정해졌다.

이들 별자리들은 인간 역사의 초기부터 다양한 문화와 경험에 따라 다른 의미가 부여되었다. 예를 들어, 염소자리는 약 4,000년 전부터 천문학적인 관찰과 측정을 통해 만들어졌으며, 사수자리는 인터넷과 이동전화 같은 현대 기술을 이용하여 최근에 별자리로 만들어졌다.

8) 각 별자리별 주요 특성과 성격

탄생 별자리는 성격, 성취, 개성, 대상, 관계 등과 같은 다양한 측면에서 우리의 인생에 영향을 미친다. 따라서 이들에 대해 더 많은 정보를 얻고 탐구하는 작업은 우리 개개인의 삶과 성장에도 도움이 될 것이다.

염소자리(zodiac sign Capricorn)는 12월 22일에서 1월 19일 사이에 태어난 사람들이 염소자리에 해당한다. 염소자리를 지배하는 행성은 토성(Saturn)이다.

염소자리의 주요 특성 및 성격

1. 인내심이 강하다.
염소자리의 사람들은 관심과 업무에 대한 집중력이 강하며, 인내심과 끈기가 뛰어나다고 알려져 있다.

2. 완벽주의적 경향이 있다.
작업이나 프로젝트에 대해 자신에게 주어진 역할을 충실히 수행하는 것을 중요하게 여기기 때문에 조금 완벽주의적인 경향을 보일 수 있다.

3. 현실적이고 실용적이다.
염소자리의 사람들은 현실적인 사고방식을 가지고 있으며, 문제를 해결하는 방식과 계획을 수립하는 것을 좋아한다.

4. 자신감이 강하다.

염소자리의 사람들은 스스로를 내면으로부터 독립시키며, 자신의 결정과 행위에 대해 확신이 있고 강한 자신감을 가지고 있다.

5. 충성심이 강하다.

자신이 속한 그룹이나 조직에 대한 충성심이 높다. 예를 들어, 가족, 직장, 혹은 친구들과 같이 지속적으로 연결되어 있는 인간관계를 매우 중요하게 생각한다.

6. 조심성이 많다.

염소자리의 사람들은 예민하며 두려움을 쉽게 느끼는 편이다. 이들은 신중함이 필요한 상황에서 더욱 철저한 사전조사를 하려는 경향이 있다.

7. 성취에 대한 욕구가 강하다.

염소자리 사람들은 목표를 달성하고 결과를 만들어 내는 것에 대한 욕구가 높다. 번거롭고 고약한 상황에 빠져도, 성취를 위한 끈기와 굴복하지 않는 정신적 강인함을 보인다.

염소자리를 지배하는 행성인 토성은 엄격하고, 규칙적인 성격을 띤다. 이는 염소자리의 특성과도 매우 잘 어울린다. 토성은 염소자리의 사람들이 실무적이 되며, 설계적 역량과 지속 가능한 계획을 만들어 내는 데 도움을 준다.

물병자리의 주요 특성 및 성격

물병자리는 12가지 탄생 별자리 중 하나이며, 1월 20일부터 2월 18일까지 태어난 사람들을 의미한다. 물병자리를 지배하는 행성은 천왕성(Uranus)과 토성(Saturn)이다.

1. 독창성과 창의성이 뛰어나다.

물병자리의 사람들은 개성이 강하며, 창의적인 아이디어를 가지고 있다. 일반적인 사고에서 벗어나서 새로운 방식으로 생각하는 것을 좋아한다.

2. 인간애가 강하다.

물병자리의 사람들은 친구나 가족 등 다양한 인간관계에서 대인관계를 중요하게 생각한다. 보통 다른 사람의 이슈나 문제를 해결해 주는 일을 좋아하며, 서로의 관계를 유지하는 데에 노력한다.

3. 자유로운 영혼을 추구한다.

물병자리의 사람들은 다양한 경험을 추구하며, 단조로움과 규제에서 벗어나는 것을 좋아한다. 집단에 속하긴 하지만, 본인의 생각과 의견을 솔직하게 표현하는 것을 선호한다.

4. 미래지향적이고 혁신적이다.

물병자리의 사람들은 새로운 아이디어나 기술, 발견에 높은 관심을 가지며, 미래에 대한 비전과 희망을 갖고 있다.

5. 우아하고 섬세한 면이 있다.

물병자리의 사람들은 얇고 섬세한 미적 감각을 가지고 있으면서도, 우아하고 세련된 면이 있다.

6. 부적응 성향이 있다.

규제, 강박 관념, 압박을 주는 것에 대해 부정적인 인식을 가지고 있어, 얽매이는 것을 싫어하고, 일반적인 노고와 집중력에 대해서는 대체로 부정적으로 받아들일 때가 있다.

천왕성은 해당 별자리의 틀을 부수고, 사람들을 혁신과 창조적 발견으로 이끄는 역할을 하며 토성은 믿음과 안정성을 제공하고 세련된 경험을 강조한다. 이러한 행성들은 물병자리의 사람들이 개인적인 역량과 집중력을 가지고, 발견과 혁신적인 변화를 이끌어 낼 수 있도록 돕는다.

물고기자리의 주요 특성 및 성격

물고기자리는 12가지 탄생 별자리 중 하나이며, 2월 19일부터 3월 20일까지 태어난 사람들을 의미한다. 물고기자리를 지배하는 행성은 명왕성(Pluto)과 해왕성(Neptune)이다.

1. 상상력이 풍부하다.

물고기자리의 사람들은 창의적이며, 높은 상상력을 가지고 있습니다. 예술, 문학, 음악 등 다양한 영감을 받아 새로운 작품을 창작하는 데 능력을 발휘한다.

2. 감수성이 예민하다.

물고기자리의 사람들은 감정이 풍부하며, 남들보다 민감하게 감수성을 느낀다. 때로는 신경질적인 편도 있다.

3. 이타적이며 관대하다.

물고기자리의 사람들이 공감하는 감정은 타인에 비해 높으며, 이타적인 성향을 가지고 있다. 남을 돕고자 하는 뜻이 강하며, 세상에 대해 밝고 자비로운 마음을 가지고 있다.

4. 현실감각이 부족하다.

물고기자리의 사람들은 머리 속에서만 영상을 형성하는 경향이 있고, 삶 속에서 현실감 각이 부족한 경우가 많다.

5. 좋은 직감력을 가지고 있다.

물고기자리의 사람들은 뛰어난 직관력과 직감력을 가지고 있으며, 소위 '감각의 마술사' 라는 별명도 부르고 있다.

6. 영감에 따라서 행동하는 경우가 많다.

물고기자리의 사람들은 그들의 내면적 순수성과 감성에 따라 많은 결정을 내린다. 때로 는 영감에 따라 행동하는 경우가 많다.

물고기자리를 지배하는 행성은 명왕성과 해왕성이다. 명왕성은 깊고 잠재적인 내면에 있는 힘과 정신적 충격, 그리고 변화를 의미하며, 해왕성은 높은 상상력과 예술, 창의력과 직관력과 같은 능력을 의미한다. 이러한 행성들은 물고기자리의 사람들이 자신의 밝고 재미있는 면을 발휘할 수 있도록 도움을 준다.

양자리의 주요 특성 및 성격

양자리(zodiac sign Aries)는 12가지 탄생 별자리 중 하나이며, 3월 21일부터 4월 19일 사이에 태어난 사람들을 의미한다. 양자리를 지배하는 행성은 화성(Mars)이다.

1. 독립성과 자신감이 강하다.

양자리의 사람들은 독립적이며, 자신의 비전과 목표를 신뢰하고 따르는 데에 자신감과 열정을 가지고 있다.

2. 열린 마음과 솔직한 성격을 가졌다.

양자리의 사람들은 솔직하고 직설적인 말을 좋아하며, 단호하게 자신의 의견을 표현한다.

3. 호기심이 많다.

양자리의 사람들은 새로운 것에 대한 호기심이 많아서, 무엇이든 시도해보고자 하는 마음을 가지고 있다.

4. 대담하고 도전 정신이 강하다.

양자리의 사람들은 위험을 무릅쓰고 도전을 시도하며, 높은 열정을 가지고 남들이 도전하기 어려워하는 일을 해내려는 경향이 있다.

5. 집중력이 뛰어나다.

양자리의 사람들은 집중력이 강하며, 한 가지일에 몰두하면 주위의 시선도 놓친다.

6. 공감 능력이 부족할 수 있다.

양자리의 사람들은 자신의 생각에만 집중하기 때문에, 타인의 감정이나 상황을 잘 이해하기 어렵다

7. 인내심과 참을성이 부족할 수 있다.

양자리의 사람들은 순간적인 충동으로 인해 천성적으로 참을성이 부족하며, 지루한 일상에 귀찮음을 느낄 가능성도 있다.

양자리를 지배하는 행성은 화성이다. 화성은 에너지와 열정, 결심력과 용기를 의미한다. 이러한 행성은 양자리의 사람들이 생명력과 열정을 가지고 삶을 즐기며, 지식과 경험을 쌓는 데에 도움을 준다.

황소자리의 주요 특성 및 성격

황소자리는 12가지 탄생 별자리 중 하나이며, 4월 20일부터 5월 20일 사이에 태어난 사람들을 의미한다. 황소자리를 지배하는 행성은 금성(Venus)이다.

1. 안정성과 신뢰성이 높다.

황소자리의 사람들은 안정적이며, 신뢰하기 쉬운 성격을 가지고 있다. 주변 사람들에게 대단히 신뢰가 간다.

2. 믿음직한 성격을 가진다.

황소자리의 사람들은 확인되지 않은 것을 믿지 않고, 직접 확인한 정보나 경험에 의해 믿음직한 결론을 내리는 경향이 있다.

3. 적극적이고 목표 지향적이다.

황소자리의 사람들은 스스로의 목표를 세우고, 적극적인 태도로 일상에서 자신을 발전시키는 노력을 한다.

4. 미적 감각이 뛰어나다.

황소자리의 사람들은 금성 행성의 영향력으로 미적 감각이 뛰어나며, 예술과 문화, 미적인 취향에 대한 높은 관심을 가지고 있다.

5. 때로는 고집이 세다.

황소자리의 사람들은 직관적으로 믿는 여러 가지 것들에 대해 고집이 세다는 인상을 줄 때가 있다.

6. 성격은 차분하고 안정적이다.

황소자리의 사람들은 대체로 차분하고 안정적인 성격을 가진 경우가 많다.

황소자리를 지배하는 행성인 금성은 아름다움과 사랑, 조화, 기쁨 등의 정신적인 가치를 상징한다. 금성의 이러한 특징은 황소자리의 사람들이 이상적이고 아름다운 것을 추구하는 데에 도움을 주며, 또한 사랑과 관계, 감각적인 측면을 중시하는 데에 영향을 끼친다.

쌍둥이자리의 주요 특성 및 성격

쌍둥이자리(zodiac sign Gemini)는 12가지 탄생 별자리 중 하나이며, 5월 21일부터 6월 21일 사이에 태어난 사람들을 의미한다. 쌍둥이자리를 지배하는 행성은 수성(Mercury)이다.

1. 호기심이 많고 지식에 대한 관심이 높다.

쌍둥이자리의 사람들은 호기심이 많아서, 항상 새로운 것을 배우고 알고 싶어 한다. 또한 지식에 대한 관심이 높아 자잘한 정보와 이야기에도 관심을 가지며, 다양한 분야에 대한 이해도가 높다.

2. 소통 능력이 뛰어나다.

쌍둥이자리의 사람들은 대화의 기술에 능숙하고, 타인과의 의사소통에도 능한 편이다. 또한 다양한 사람들과 소통하는 데 적극적이고 관심이 많아 매우 사교적인 성격을 가지고 있다.

3. 다재다능하고 유연하다.

쌍둥이자리의 사람들은 다재다능하고 유연한 성격으로, 새로운 환경이나 상황에 적응하기 쉽다. 이러한 능력으로 다양한 분야에서 성공을 거둘 수 있다.

4. 적극적이고 무대 위에서 빛나는 편이다.

쌍둥이자리의 사람들은 대체로 적극적인 성격을 가지며, 무대에 서면 빛을 발하며 몰입할 수 있는 능력을 갖추고 있다.

5. 변덕스럽고 인내심이 부족할 수 있다.

쌍둥이자리의 사람들은 변덕이 많을 수 있으며, 일을 꾸준히 이어 가는 데 귀찮음을 느낄 때가 있다.

쌍둥이자리를 지배하는 행성인 수성은 지적인 것들과 빠른 속도, 함께 논의하며 결론을 내리는 것 등을 상징한다. 이러한 행성은 쌍둥이자리를 가진 사람들이 높은 지능과 지식을 가지며, 새로운 것들을 탐구하는 데에 필수적인 역할을 한다.

게자리의 주요 특성 및 성격

게자리(zodiac sign Cancer)는 12가지 탄생 별자리 중 하나이며, 6월 21일부터 7월 22일 사이에 태어난 사람들을 의미한다. 게자리를 지배하는 행성은 달(Moon)이다.

1. 감성적이며 따뜻한 느낌을 주는 성격을 가진다.

게자리의 사람들은 감성적이며, 다른 사람들에게 따뜻한 느낌을 주는 성격을 가지고 있다. 이들은 타인에게 수용적인 태도로 대하며 누군가를 격려하는 데 자신감이 있다.

2. 이해심이 깊고 수용력이 높다.

게자리의 사람들은 다른 사람들의 감정을 이해하는 능력이 뛰어나며, 타인의 입장에서 생각해 주고 존중하는 성격을 가지고 있다. 이들은 강인하지 못한 사람들에게 특히 친절하고 배려심을 베푸는 경향이 있다.

3. 보호욕과 안전을 중요하게 생각한다.

게자리의 사람들은 가정과 가족에 대한 애정이 깊을 뿐만 아니라, 자신의 안전과 보호에 대해서도 매우 신중하게 생각한다. 이들은 타인의 보호를 염두에 두고, 적극적으로 도우려고 한다.

4. 속마음이 깊어서 열린 얘기가 어렵다.

게자리의 사람들은 속마음을 많이 간직하고 미묘한 감정의 변화에 민감해, 열린 얘기를 어려워하는 경향이 있다.

5. 변화에 취약하다.

게자리의 사람들은 안정적인 생활과 고정적인 상황을 좋아하지만, 변화에 취약하다. 새로운 상황에 대처하는 데 어려움을 겪을 수 있으며, 적극적으로 대처하지 못하는 경우도 있다.

게자리를 지배하는 행성인 달은 감성적인 것들과 무의식을 상징하며, 삶에서 필요한 풍요로움을 제공하는 데 중요한 역할을 한다. 이러한 행성은 게자리의 사람들이 풍부한 감정을 자유롭게 표현하고, 자신의 내면을 찾고자 노력하는 데에 도움을 준다.

사자자리의 주요 특성 및 성격

사자자리(zodiac sign Leo)는 12가지 탄생 별자리 중 하나이며, 7월 23일부터 8월 22일 사이에 태어난 사람들을 의미한다. 사자자리를 지배하는 행성은 해(Sun)이다.

1. 대범하고 자신감이 넘친다.

사자자리의 사람들은 대담하고 대범한 성격으로, 자신감이 높다. 이들은 행동이 빠르고 다른 사람들과 어울릴 때 주도적인 역할을 맡는다.

2. 카리스마가 뛰어나며 리더십이 좋다.

사자자리의 사람들은 카리스마가 뛰어나며, 리더 기질을 가진 경우가 많다. 이들은 주변인들에게 영향력을 끼치고, 모두가 함께 움직이며 목표를 달성해 나가려는 열정과 의지를 가지고 있다.

3. 자랑거리를 좋아하고 주변으로부터 인정받고 싶어한다.

사자자리의 사람들은 자신에게 자신감을 부여하는 것을 좋아하며, 자신의 업적과 능력을 자랑하는 경향이 있다. 이들은 주목받고, 인정받으며 발전해 나가는 모습을 좋아한다.

4. 감각적이고 예술적 재능을 가지고 있다.

사자자리의 사람들은 감각적이며 예술적인 재능을 가지고 있는 경우가 많다. 이들은 음악, 미술, 패션 등 예술적인 분야에서 높은 관심과 열정을 보인다.

5. 여러 가지 일을 동시에 처리하는 능력이 있다.

사자자리의 사람들은 여러 가지 일을 동시에 처리하는 능력이 뛰어나다. 이들은 계획을 세우는 것을 좋아하며, 이를 효율적으로 수행하는 능력이 뛰어나다.

사자자리를 지배하는 행성인 해(Sun)은 개성, 자신, 자존심, 활력, 인기 등을 상징한다. 해의 이러한 특징은 사자자리의 사람들이 자신의 업적과 역할, 삶이 주는 의미 등을 중요시 여기고, 자신의 개성을 제대로 발휘할 수 있도록 도와준다.

처녀자리의 주요 특성 및 성격

처녀자리(zodiac sign Virgo)는 12가지 탄생 별자리 중 하나이며, 8월 23일부터 9월 22일 사이에 태어난 사람들을 의미한다. 처녀자리를 지배하는 행성은 수성(Mercury)이다.

1. 현실적이고 분석적인 성격을 가진다.

처녀자리의 사람들은 현실적이고 분석적인 성격을 가지고 있다. 항상 평가하고 분석을 통해 인사이트를 얻으려 노력한다.

2. 꼼꼼하고 세심한 성격이다.

처녀자리의 사람들은 꼼꼼하고 세심한 성격을 가지고 있으며, 재능과 기술을 가진 경우가 많다.

3. 비판적이며, 자신과 타인의 기준이 높다.

처녀자리의 사람들은 비판적인 시선과 철저한 퀄리티 기준을 가지고 있다. 자신과 타인에 대한 기준이 높아서 때로는 자신과 타인을 과도하게 비난하는 경향이 있다.

4. 내적 안정이 중요하다.

처녀자리의 사람들은 내적 안정이 중요하다. 이들은 확실한 계획과 구체적인 목표를 설정하고, 계획적으로 행동한다.

5. 간혹 신경과민 증세가 나타난다.

처녀자리의 사람들은 안락한 생활과 멋진 보건 상태를 중요하게 생각한다. 그러나 간혹 걱정이 지나쳐 신경 과민 증세를 느끼는 경우도 있다.

처녀자리를 지배하는 행성인 수성은 학습과 명료함, 의사소통 능력 등을 상징한다. 이러한 행성은 처녀자리의 사람들이 지적인 호기심과 지식을 탐구하는 데에 도움을 주며, 뿐만 아니라 의사소통 능력을 높이는 데에도 기여한다.

천칭자리의 주요 특성 및 성격

천칭자리(zodiac sign Libra)는 12가지 탄생 별자리 중 하나이며, 9월 23일부터 10월 22일 사이에 태어난 사람들을 의미한다. 천칭자리를 지배하는 행성은 긍정의 행성인 금성(Venus)이다.

1. 조화와 균형을 추구한다.

천칭자리의 사람들은 조화와 균형을 추구하는 성격을 가지고 있다. 양쪽에서 본 것들을 비교하며, 타협과 대화를 통해 해결할 수 있는 방안을 찾는다.

2. 아름다움과 세련된 취향을 가지고 있다.

천칭자리의 사람들은 아름다움과 세련된 취향을 가지고 있다. 이들은 예술적인 눈높이를 가지며, 장식적인 것들에 대한 욕구가 높다.

3. 사교성이 뛰어나며 타인에 대한 배려심이 있다.

천칭자리의 사람들은 사교성이 높아서, 주위의 사람들과 어울리는 것을 좋아한다. 이들은 타인에 대한 배려심이 높아서, 상대방에게 쉽게 공감하고 이해하며, 대처한다.

4. 결정장애가 있을 수 있다.

천칭자리의 사람들은 결정을 내리기까지 많은 시간이 걸리며, 결정을 내리는 것에 어려움을 겪을 수 있다. 복잡한 상황에서 결정을 내리는 것을 힘들어하며, 타인의 의견을 고려하면서 결정을 내리곤 한다.

5. 대인관계에서 갈등을 피하려는 경향이 있다.

천칭자리의 사람들은 대인관계에서 갈등을 피하려는 경향이 있다. 이들은 타인과의 대화에서 숨길 수 없는 갈등이 있을 때라도, 최대한 원만한 관계를 유지하려고 노력한다.

천칭자리를 지배하는 행성인 금성은 사랑과 조화, 재미, 아름다움 등을 상징한다. 금성의 이러한 특징은 천칭자리의 사람들이 조화와 아름다움을 추구하는 것을 도와주며, 사랑과 친구, 가족 등 타인과 함께 협력하고 대화하는 데에 중요한 역할을 한다.

전갈자리의 주요 특성 및 성격

전갈자리(zodiac sign Scorpio)는 12가지 탄생 별자리 중 하나이며, 10월 23일부터 11월 21일 사이에 태어난 사람들을 의미한다. 전갈자리를 지배하는 행성은 화성(Pluto)과 화성의 옛 이름이었던 마스(Mars)이다.

1. 열정적이고 집착이 강한 성격이다.

전갈자리의 사람들은 깊은 열정과 강렬한 감정을 가진 성격이다. 이들은 목표를 추구하기 위해 끈질기게 집착하는 경향이 있다.

2. 직감이 뛰어나며 인간관계에서 유능하다.

전갈자리의 사람들은 직감이 뛰어난 편이다. 이들은 타인에 대한 이해와 인간관계에서 유능하며, 민감한 마음으로 유혹하는 능력을 지니고 있다.

3. 자신감이 강하며 불굴의 의지를 가지고 있다.

전갈자리의 사람들은 자신감이 강하며, 불굴의 의지를 가지고 있다. 이들은 보통 다른 사람들보다 더 많은 인내심과 자신감을 지니고 있으며, 언제나 목표를 향한 열정적인 모습을 보인다.

4. 깊이 있는 사고와 창의성이 뛰어나다.

전갈자리의 사람들은 깊은 사고를 지니고 있으며, 창의성이 뛰어난 경우가 많다. 이들은 복잡한 문제를 해결하는 데 뛰어난 능력을 지닌 경우가 많으며, 독창적인 아이디어를 생각해 내기도 한다.

5. 자기 마음을 잘 숨기며, 깊은 내면을 지니고 있다.

전갈자리의 사람들은 자기 마음을 잘 숨기는 편이며, 깊은 내면을 지니고 있다. 때로는 다른 사람들과 거리를 두기도 하지만, 이들이 지닌 내면깊은 모습은 항상 강인함과 믿음직한 모습으로 드러난다.

전갈자리를 지배하는 행성인 화성과 화성 옛 이름인 마스는 성장, 자신의 사용 욕구, 집중력, 싸움, 정신적인 도전 등을 상징한다. 이러한 행성의 특징은 전갈자리의 사람들로 하여금 자신의 수용에 높은 우선순위를 두게 한다. 이들이 드러내는 감정은 차분하고 깊이 있는 것들로 분류된다. 이들은 화목한 생활을 추구한다.

사수자리의 주요 특성 및 성격

사수자리(zodiac sign Sagittarius)는 12가지 탄생 별자리 중 하나이며, 11월 22일부터 12월 21일 사이에 태어난 사람들을 의미한다. 사수자리를 지배하는 행성은 긍정의 행성인 목성(Jupiter)이다.

1. 호기심이 많고 탐구심이 강하다.

사수자리의 사람들은 호기심이 많으며, 탐구심이 높다. 이들은 항상 새로운 도전과 경험을 추구하며, 새로운 지식을 탐구한다.

2. 자유로운 영혼이며, 독립적인 성격이 있다.

사수자리의 사람들은 자유로운 영혼이며, 독립적인 성격을 가진 경우가 많다. 이들은 제한적인 규칙과 규제를 피하며, 자유롭게 살아가는 것을 좋아한다.

3. 낙관적인 마음을 가지고 있으며, 긍정적인 성격이다.

사수자리의 사람들은 낙관적인 마음을 가지고 있어, 긍정적인 성격을 지니고 있다. 이들은 어떤 어려움에 직면하더라도 긍정적인 태도로 대처하는 경우가 많다.

4. 다양한 인간관계를 유지하고 즐기는 성격이다.

사수자리의 사람들은 다양한 인간관계를 유지하며, 새로운 사람들과의 인연을 좋아한다. 이들은 상대방과 대화하면서 새로운 지식과 경험을 흡수하고, 얻어 갈 것이 있는 타인과의 만남을 즐긴다.

5. 방황하기도 하지만 이들만의 신념과 가치관이 있다.

사수자리의 사람들은 인생의 방황기를 겪을 때가 많지만, 그 안에서도 이들만의 신념과 가치관을 지키고 있다. 이들은 뚜렷한 목표가 있으며, 그것을 달성하기 위해 끊임없이 노력한다.

사수자리를 지배하는 행성인 목성은 번영, 성장, 진화, 확장 등을 상징한다. 이러한 행성은 사수자리의 사람들이 탐구심과 호기심을 증진시키는 데 기여하며, 이들의 긍정적인 성격과 자유로운 영혼을 지원하는 역할을 한다.

7차크라에 해당하는 컬러와 의미

1) 7차크라의 의미

차크라는 산스크리트어로 "돌아가는 바퀴"라는 의미의 어원이다. 7차크라는 인체에 존재하는 에너지센터 중 하나로, 다른 이름으로는 목초지라고도 한다.

몸의 중앙선을 따라 위치하며 주변을 에너지로 감싸고 있다. 7차크라는 세상의 전체적인 균형을 유지하기 위해 존재하며 고대 인도에서는 이것이 결국 생명 에너지가 된다라고 믿어 왔다.

인체에서 방사되는 영혼의 에너지가 차크라로 형성되며 그것을 우리는 아우라(Aura)라고 표현한다.

7차크라는 몸과 정신, 마음, 영혼의 균형을 맞추고 성장하는 데에 중요한 역할을 한다. 이 에너지 센터를 개방하면 마음의 상태가 안정되고 자신의 잠재적인 능력을 활용할 수 있다. 또한 신체적인 면에서도 건강을 유지하고 병을 예방할 수 있다.

이러한 7차크라의 균형을 맞추고 개방하기 위해서는 명상과 요가 등의 영적인 실천 방법과 함께 건강한 식습관을 유지하고 적극적으로 운동하고 적극적으로 생활해야 한다. 또한, 명상, 힐링, 힙노시스, 성인교육 등 다양한 방법으로 7차크라를 체험하고 발전시키는 것이 중요하다.

2) 7차크라에 해당하는 컬러

(1) 물라다라 차크라(muladhara Chakra)

근본 차크라 빨간색(또는 레드) - 이 색상은 골반 신경총 회음부 부위에 해당하며, 에너지, 힘 그리고 본능에 존재하는 것에 대한 육체적인 관여와 연관되어 있다.

이곳에 문제가 생길 때는 치질, 난소, 자궁질환에 주의해야 한다.

(2) 스와디스타나 차크라(Svadhisthana Chakra)

주황색(또는 오렌지색) - 이 색상은 하복부 신경총 부분에 위치하며, 배뇨 기관, 생식기관. 척추끝, 미저골 부분과 관계된다. 창조적인 힘, 쾌감, 열정, 성욕, 인간관계 그리고 자신을 나타내는 것과 관련되어 있다.

이곳에 문제가 생기면 당뇨, 암, 불임, 요통 등에 주의가 필요하다.

(3) 마니푸라 차크라(Manipura Chakra)

노란색(또는 옐로우) - 이 색상은 3차크라의 태양신경총 배꼽 높이에 위치하며, 자신감, 개성, 집중력, 창조성 그리고 지혜와 관련된다.

이곳의 문제가 생기면 위궤양, 담석증 등에 주의가 필요하다.

(4) 아나하타 차크라(Anahata Chakra)

초록색(또는 그린) - 이 색상은 4차크라인 심장 단전 부위에 위치하며, 사랑과 연민, 자율성, 균형 그리고 치유와 관련되어 있다.

이곳에 문제가 생기면 심장병, 호흡곤란 등에 주의가 필요하다.

(5) 비슈다 차크라(Vishuddha Chakra)

파란색(또는 블루) - 이 색상은 5차크라의 목의 경동맥 신경총 높이에 위치하며, 의사소통, 자유, 진실, 참된 자아, 상쾌함과 관련된다.

이곳에 문제가 생기면 갑상선, 기관지염 등에 주의가 필요하다.

(6) 아즈나 차크라(Ajna Chakra)

남색(또는 인디고색) - 이 색상은 6차크라의 골수신경총 미간 높이에 위치한 이마에 해당한다. 지혜와 통찰력, 직감력, 예지 능력과 관련되며, 꿈과 지각, 집중력을 증진시킨다.

이곳에 문제가 생기면 뇌종양, 뇌출혈, 시각 등에 주의가 필요하다.

(7) 사하스라라 차크라(Sahasrara Chakra)

보라색(또는 바이올렛) - 7차크라의 대표적인 색상으로, 머리의 정중앙 백회 높이에 위치한다. 세상과 영적인 세계를 연결해 주며, 영적 지혜, 직감력, 창조적인 에너지와 관련된다.

인간의 정신과 연관되어 있기에 이곳에 문제가 생기면 정신질환에 주의가 필요하다.

7차크라가 개방되면, 개인의 전체적인 웰빙이 향상되고 감정적인 깨달음을 얻는 데 도움이 된다. 이를 위해서는 명상, 요가 또는 다양한 작업을 수행하여 각 차크라를 개방하는 것이 좋다.

Chapter

3

컬러별 특징과 의미

1) 메이저 컬러들: 빨간색, 주황색, 노란색, 초록색, 파란색, 남색, 보라색

✳ 빨간색 RED

레드는 인간이 가장 먼저 인지하는 색 중 하나이다. 자연에서는 불, 태양, 꽃 등에서 레드를 볼 수 있으며, 문화에서는 사랑, 열정, 전투, 위험 등의 의미로 사용된다.

레드는 우리 몸에 직접적인 영향을 미치는 색 중 하나이다. 이 색을 보면 심장 박동수가 증가하고 호흡이 깊어지는 등 생체적인 반응을 일으킨다. 또한, 레드는 에너지와 열정을 불러 일으키는 색으로, 우리에게 자신감과 용기를 준다.

레드는 사랑과 열정의 색이기도 하다. 이 색은 사랑하는 사람에게 선물하는 꽃으로도 유명하다. 또한, 레드는 섹시하고 매력적인 이미지를 연상시키기도 한다. 이 색의 힘으로 인해, 레드를 입은 사람은 자신감을 얻고, 주위의 사람들도 그 사람의 매력에 끌리게 된다.

하지만, 레드는 무리한 강압력과 위험을 불러일으키는 색이기도 한다. 이 색을 과용하면 피로하고 긴장된 상태를 유지하게 된다. 또한, 레드는 잠재적으로 위험한 상황을 불러일으키는 색이기 때문에, 조심해서 사용해야 한다.

레드는 우리 삶에서 다양한 의미와 역할을 가지고 있다. 이 색을 적절히 활용하면 우리 삶에 활력을 불어넣고, 자신감과 열정을 불러일으킬 수 있다.

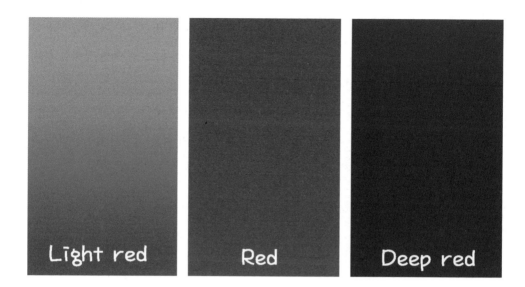

Light red   Red   Deep red

- **긍정**: 용기, 용맹, 도전, 정열적, 뜨거운, 적극성, 흥분, 권력, 자신감, 활동적, 본능적, 섹시함, 에너지, 힘, 솔직함, 자유로움, 사랑의 감정, 환희, 감각, 강인함, 성. 카리스마, 젊음
- **부정**: 과욕, 분노, 다혈질, 공격성, 고통, 광란. 폭력, 위험한, 경고, 피, 무절제, 고집, 광란, 경고, 위험, 다툼, 분쟁

1. **건강**: 고혈압. 중풍, 뇌출혈, 뇌경색, 심장질환. 화병. 분노조절장애, 사고수 조심

2. **진로·직업**: 정치인, CEO, 영업직, 운동선수, 연예인, 예술인, 활동적인 직업, 육체적 노동자, 레저분야, 자영업

연한 빨강 LIGHT RED

라이트 레드는 레드색 중에서도 밝고 빛나는 색상으로, 차분하면서도 활기차게 느껴지는 이미지를 가지고 있다.

1. **건강**: 라이트 레드의 경우는 경고가 아닌 주의의 단계이므로 크게 위험하지는 않지만 혈압관련 주의.

2. **성격**: 라이트 레드를 선택하는 사람들은 대체로 개방적이며, 다른 사람과 소통하는 것을 좋아한다. 낙천적이고 적극적인 성격을 가진다. 마음이 따뜻하며 주목받는 것을 좋아한다. 다소 감정이 변덕스럽고 기복이 있는 성격이다. 보기에는 조용하고 내성적으로 보이나 자신이 좋아하는 분야나 사람 앞에서는 적극적인 모습을 보인다.

3. **연애**: 라이트 레드는 대체로 열정적이며, 로맨틱한 이미지를 상징한다.
썸을 타거나 이제 막 진행되는 상황, 설레는 상태, 서로 호감을 느끼는 단계일 때 자주 나타나며, 사랑을 받고 있다거나 사랑을 할 때도 등장한다. 부부나 연인 사이라면 사이가 좋다고 본다. 임신의 가능성도 나타낸다. 첫사랑이나 혼자 짝사랑을 할 때도 나타난다.

4. **금전**: 라이트 레드는 승리와 열정을 상징하는 색으로 레드에 비해 밝아서 핑크나 로즈에 영향을 받기도 한다.
그래서 크지는 않지만 금전 흐름은 나쁘지 않고 소소한 흐름은 진행된다.

- 상담 팁: 라이트 레드 카드의 하단 부분은 레드 카드의 컬러이다. 만일 라이트 레드의 역카드를 뽑았다면 레드 카드의 속성도 함께 리딩해 주어야 한다.

라이트 레드는 대체로 높은 향기가 있는 병원, 보험회사, 식품, 스포츠, 발레 등과 같은 분야에서 사용된다. 이 색은 대체로 열정적이고 활기찬 이미지로, 건강과 역동성을 강조하는 데 사용된다. 또한 아동용품, 놀이공원, 커피숍 등에서도 사용되어, 즐거움과 열정감을 부각시키는 데 매우 적합하다.

빨간색 RED

레드는 가장 진한 색상 중 하나로, 대체로 강하고, 혁신적이며, 고성능 그리고 용감함을 상징한다. 이러한 상징적 의미와 특징으로 인해, 레드는 매우 다양한 면에서 사용된다.

1. **건강**: 레드는 대체로 활기찬 이미지를 상징한다. 건강 관련 분야에서는 대체로 활기찬 기운과 건강, 활력 등과 같은 이미지를 부각하는 데 사용된다. 또한, 식욕을 자극하기 위한 효과를 가지고 있다.

   그러나 강력한 레드의 경우에는 뇌출혈, 중풍, 고혈압, 심장 등에 문제가 생기는 경우도 있으며 간혹 예기치 못한 사고나 교통사고 시에도 등장하는 경우가 있으니 주의해야 한다.

2. **연애**: 레드는 대체로 열정적이며, 활발한 이미지를 상징한다.

   창조적이고 나아가기 위해 노력하는 특성이 있기 때문에 열성적으로 상대와 연애 중이거나 적극적으로 관계를 원하는 경우, 성적 에너지가 충만한 경우에 등장한다.

3. **성격**: 레드를 좋아하는 사람들은 대체로 강한 의지력을 가지고 있으며, 용감하고 추진력이 강하다. 리더십이 강하며 용기가 있다. 행동파인 특성이 있고 성격은 직설적이며 급하다. 때로는 충동적이며, 이기적인 면과 고집이 있을 수 있다.

4. **금전**: 레드는 승리와 용기를 상징하는 색으로, 경쟁을 중시하는 분야에서 사용된다.

또한, 부동산, 투자 등 금전 수입이 좋고 일이 갑자기 많이 들어오고 빠르게 변화하는 시기로 표현된다. 큰돈이나 모험적 투자금이나 예견치 않았던 돈이 생길 때도 나타난다.

하지만 안정적이기보다는 변화성이 높은 일시적인 돈일 때가 많다.

어두운 빨간색 DEEP RED

딥 레드는 우리가 일반적으로 생각하는 레드보다는 조금 더 어두운 색상으로, 더욱 진정하고 집중력 있는 이미지를 상징한다. 이러한 상징적 의미와 특징으로 인해, 딥 레드는 매우 다양한 면에서 사용된다.

1. **건강**: 딥 레드는 대체로 심장이나 혈압 등의 면에서 과부하를 상징한다.
   혈액순환의 문제나 고혈압 중풍을 조심하여야 하며, 가끔 현대 심리 상담 시 화병 분노조절장애 가슴 두근거림을 호소하는 사례도 있다.

2. **연애**: 딥 레드의 경우 지나치게 과한 사랑으로 인해 상대에게 집착을 하거나 소유욕을 표시하는 경우에 나타나기도 한다. 때로는 그로 인해 싸움과 다툼 언어폭력과 폭력성을 나타내기도 한다. 충동적인 사랑이나 자기 멋대로인 사랑방식을 표현할 때도 등장한다.

3. **성격**: 딥 레드를 좋아하는 사람들은 대체로 신중하고, 집중력이 있는 면이 있다. 용기가 있고 실패를 두려워하지 않는다. 그러나, 때로는 독단적인 성향이 많고 자기 조절 능력이 떨어지기도 하며 너무 자신만의 생각을 밀어붙이는 성향으로 인해 타인과의 관계 시 문제가 생기기도 한다.

4. **금전**: 딥 레드는 승리와 요동치는 혁신을 상징하는 색으로, 갑작스런 변화를 예견한

다. 돈의 흐름이 갑자기 안 좋은 상황으로 몰리거나 갑자기 지출할 일이 생긴다거나 손실이나 위급하고 다급한 금전 상황이 될 수 있다. 혹은 과욕으로 인한 무리한 투자로 인한 손해를 입을 때도 나타난다.

레드는 온전함, 인기, 열정, 사랑 등을 상징하는 컬러 중 하나이다. 예술 작품에서나 패션 디자인에서 주로 사용되며, 우리 일상에 빈번하게 사용된다. 따라서, 레드 색상을 좋아하거나 그림에 많이 사용한 화가들이 있다.

- 상담 팁: 딥 레드 카드의 상단 부분은 레드 카드의 컬러이다. 만일 딥 레드의 정카드를 뽑았다면 레드 카드의 속성도 함께 리딩해 주어야 한다.

레드색과 관련된 미술 작품들

예술에서 레드는 강렬한 이미지를 연상시키며, 작품에 화려하고 독특한 분위기를 부여한다. 예를 들어, 피카소는 자신의 작품에서 레드를 많이 사용하곤 했다. 피카소는 레드를 불꽃놀이, 사랑, 호기심, 무게 등의 표현에 이용하였으며, 레드는 특별한 의미와 감정적인 파워를 내뿜는 색상으로 인식되었다.

현대적인 화가 중에서는 케이트 맥그리거(Katie Mcdowell)가 레드를 활용한 작품으로 유명하다. 그녀의 작품에서는 뼈, 동물, 꽃 등의 대상들이 주는 미스테리한 분위기와 함께 레드 컬러가 집중적으로 사용되고 있다. 딥 레드 색상을 이용하여 작품의 분위기를 조성하며, 도커를 강조하거나 색채적 효과를 내기도 한다.

그 외에도, 프란시스 베이컨(Francis Bacon), 홀리 고드(Holly Golightly), 조안 미로(Joan Miró), 마쉬얼 맥쇼(Marsden Hartley) 등의 화가들이 레드를 자주 사용하곤 한다. 이러한 화가들은, 자신의 작품에서 레드를 주로 사용하며, 높은 에너지, 열정, 분노, 감성 등을 표현하는 데 초점을 둔 작품을 선보인다.

타로카드 속 레드색의 성향을 내포한 카드

✷ 주황색 ORANGE

오렌지는 밝고 화사한 색상으로, 따뜻한 느낌을 준다. 태양이 떠오르는 색상이기도 하며, 여름철에 많이 사용되는 색상 중 하나이다.

오렌지는 활기차고 생동감이 있는 색으로, 전통적으로는 에너지와 열정을 상징하는 색상으로 여겨진다. 오렌지는 또한 창의성과 자신감을 부여하는 효과도 있다.

오렌지는 다양한 분야에서 사용되고 있다. 가장 많이 사용되는 분야는 패션과 인테리어이다. 오렌지색 의상은 활기차고 멋스러운 느낌을 준다. 또한, 오렌지색 벽지나 소품들은 공간을 따뜻하고 화사하게 만들어 준다.

오렌지는 또한 음식과 관련해서도 많이 사용된다. 주황색 과일인 오렌지, 파파야, 망고 등은 맛뿐만 아니라 시각적으로도 매력적이다. 오렌지색 먹거리들은 건강에도 좋은 영양소가 많아, 건강한 식습관에 도움을 줄 수 있다.

오렌지는 강렬한 색상이기 때문에 과용하면 과도한 자극을 줄 수 있다. 따라서, 오렌지를 사용할 때는 적절한 양과 균형을 유지하는 것이 중요하다.

오렌지는 활기차고 따뜻한 느낌을 주는 색상으로, 우리의 일상생활에 활력을 불어넣어 준다. 적절하게 사용하면, 오렌지는 우리에게 여러 가지 좋은 영향을 줄 수 있다.

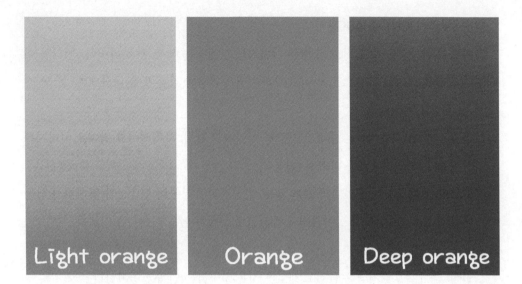

Light orange   Orange   Deep orange

- **긍정**: 따뜻함, 유쾌함, 희망, 원만한 대인관계, 유머감각, 추진력, 긍정적, 빠른 이해력, 호기심, 활력, 즐거움, 육체적 쾌락, 밝음, 소통하는, 의욕적인, 적응력, 사회성, 창의력, 활동성
- **부정**: 불안정함, 피곤함, 질투심, 집요함, 지나친 모험심, 자기중심적, 불안정함, 산만함, 집중력 부족, 경솔함, 애정결핍

1. **직업**: 마케팅 대행사, 광고 회사, 미디어 및 PR 회사, 디지털 마케팅, 요리사, 조리사, 베이커, 바리스타 의사, 간호사, 건강 코치, 체육관 강사, 미용사, 가수, 아이돌, 배우, 탤런트, DJ, 부동산 에이전트, 인테리어 디자이너 등이 좋다.

2. **건강**: 여성 생식기, 비뇨기 계통, 비만, 당뇨 주의.

밝은 주황색 LIGHT ORANGE

라이트 오렌지색은 주로 밝고 경쾌한 이미지를 상징하는 색상 중 하나이다. 이러한 이미지와 상징적 의미를 바탕으로, 라이트 오렌지색은 다음과 같은 뜻을 나타낸다.

1. **건강:** 라이트 오렌지색은 대체로 건강한 이미지와 같이, 활력적이고 귀여운 이미지를 상징한다. 체력적으로는 나쁘지 않다.

   노랑의 속성이 들어가 있어서 많은 활동 시 신경적인 부분이 집중도가 떨어져서 힘들어할 수 있다. 자신감이 떨어지거나 갑상선에 문제가 있을 시에도 등장한다.

2. **연애:** 라이트 오렌지색은 즐겁고 새로운 것을 추구하는 연애를 좋아한다.

   이 색은 대체로 활기차고 경쾌한 이미지로서, 상대방을 즐겁게 해 주고 사교적이고 여러 사람과 다양한 관계를 맺으며 대화도 잘 리드해서 인기가 많은 사람들이 많다.

   주로 시작하는 관계나 함께 관심을 갖고 어울리는 단계에서도 많이 나온다.

   취미나 흥미가 같은 사람들이라면 쉽게 친해진다.

   한편으로는 지나친 질투심과 소유욕을 나타낸다.

3. **성격:** 라이트 오렌지색을 좋아하는 사람들은 대체로 창의적이고 유쾌하며 성취에 대한 열망이 높은 경향이 있다. 이들은 거시적인 생각을 가지고 있으며 아이디어를 구체화시키거나 독창적인 작품을 만들기를 좋아한다. 인간관계에서 낯가림이 심하지 않고 밝은 성격이라 누구와도 잘 어울린다.

   다만 사람이 좀 가볍다라는 이미지를 주기도 한다.

   부주의하고 실수가 많다.

4. **금전:** 라이트 오렌지색은 여유로움과 동시에 방어적인 측면도 가지고 있으며, 경쟁자와 차별화될 수 있는 색상이다. 그러나 아직은 안정되고 풍요로운 금전보다는 생활

하기에 부족함이 없는, 적당한 실수입에 가까운 금전이라고 본다.

라이트 오렌지색은 밝고 경쾌한 이미지를 상징하는 색상으로, 일반적으로 신선하고 유쾌한 면을 강조한다. 이러한 특성 때문에 매력적이지만 동시에 현실적인 측면도 가지고 있다. 이미지는 대체적으로 개방적이고 창의적이며, 무거움에서 벗어나자는 메시지를 전달한다.

우리에게 낙관성과 활기를 불어넣는 밝은 색상 중 하나이다.

- 상담 팁: 라이트 오렌지 카드의 하단 부분은 오렌지 카드의 컬러이다. 만일 라이트 오렌지의 역 카드를 뽑았다면 오렌지 카드의 속성도 함께 리딩해 주어야 한다.

주황색 ORANGE

1. **건강:** 오렌지색은 오렌지 열매의 상징색이며, 재래적으로 음료나 과일 등 식품 분야에서 사용된다. 또한, 오렌지색은 유익한 영양소와 더불어 건강과 행복을 나타내는 색상으로 상징된다. 주로 건강하고 활동적이라 건강한 사람들이 많지만 에너지를 과소모할 수 있으니 주의를 해야 한다.

2. **연애:** 새로운 여행, 낭만, 열정적인 사랑 및 사람 간 유대감을 상징하는 색상이다. 대체로 감성적이고, 활기찬 연애를 추구하며 대체로 사랑하는 사람에게 충실한다.
연애를 하고 있는 커플이나 부부라면 잘 맞고 재밌는 관계로 좋은 커플이 많다.
육체적인 궁합도 좋으며 서로 행동파적인 모습이라 외부 데이트나 취미생활로 서로 자주 만나는 사이가 될 수 있다.

3. **성격:** 오렌지색을 좋아하는 사람들은 대체로 솔직하고 즐거움과 웃음을 강조하며, 대화를 좋아하고 유쾌한 면을 좋아한다.

밝고 활기차며, 에너지가 넘치는 성격이다. 참신하고, 독특한 아이디어를 가지며, 흥미로운 활동을 즐기며 사교적이다.

다만 지루하거나 반복적인 것에 쉽게 싫증을 느끼거나 마무리가 약하고 산만한 점이 있다.

4. 금전: 오렌지색은 대체로 활기찬, 열정적이고 적극적인 이미지를 상징한다. 이러한 특성으로 인해, 소비재, 유행 관련 서비스, 음료, 스포츠 브랜드 등 다양한 분야에서 활용된다.

그래서 여가생활, 여행 등 노는 곳에 지출이 잦을 때도 자주 등장한다.

하지만 금전운은 좋은 상태이다.

비즈니스 또는 창업 분야에서 큰 성공을 이루는 경우가 많다.

오렌지는 밝고 따뜻한 이미지를 상징하는 색으로, 유머감각을 일으키고 에너지를 불어넣는 효과가 있다. 이 색은 대체로 낙천적인 면이 있어, 창의적이면서도 재능 있게 보이는 이미지이다. 오렌지색은 다양한 분야에서 사용되며, 열정, 창의성, 즐거움과 같은 면을 강조한다.

어두운 주황 DEEP ORANGE

딥 오렌지색은 오렌지색의 진한 명도로서 대체로 강한 에너지, 열정, 모험 등의 이미지를 상징하며, 다음과 같은 분야에서 사용된다.

1. 건강: 딥 오렌지색은 천연적이고 유익한 이미지를 상징하며, 대체로 바이탈한 전력과 활기를 강조한다. 체력이 좋고 스태미나가 강하다.

과식이나 과음, 과한 체력 소모는 주의해야 한다.

2. 연애: 딥 오렌지색은 적극적인 몸짓을 상징하는 컬러로, 지나치게 육체적인 사랑을 원할 수 있다.

질투나 집착이 심하고 소유욕이 강할 때 나온다.

또는 자기중심적으로 행동하고 내가 좋으면 된다라는 식의 연애방식일 때도 나온다.

성적 궁합이 잘 맞고 서로 강렬하게 원하는 시기이다.

3. 성격: 딥 오렌지색을 좋아하는 사람들은 대체로 활동적이며, 대체로 목표 설정과 결정력이 충분하다. 이 색은 자신감과 도전적인 면을 강조하며, 개성과 활동성이 뛰어나다.

딥 오렌지는 레드의 속성이 들어 있어서 새로운 일에 추진력을 보이며 열정적이다.

다만 독선적이거나 자기중심적인 사고로 주변과 트러블이 생길 수 있다.

4. 금전: 딥 오렌지색은 대체로 적극적이고 독창적이며, 경쟁자와 차별화될 수 있는 색상이다.

금전운은 활발하며 막힘없이 순환이 잘된다.

대부분 수입은 순환이 잘되어서 금전 흐름은 좋다.

다만 즉흥적으로 소비하고 자제력이 결여되면 모으지 못하고 낭비하게 된다

딥 오렌지색은 대체로 열정적인 이미지를 상징하는 색으로, 대체로 활기찬, 경쟁적인, 열정적인 분위기를 강조한다. 이 색은 대체로 명확하고 직설적이지만, 지나치거나 과하게 사용하면 강렬하고 거칠게 느껴질 수 있다. 따라서 적절한 사용을 유지하면서, 열정과 활동성을 나타내는 이미지로 활용할 수 있다.

- 상담 팁: 딥 오렌지 카드의 상단 부분은 오렌지 카드의 컬러이다. 만일 딥 오렌지의 정카드를 뽑았다면 오렌지 카드의 속성도 함께 리딩해 주어야 한다.

오렌지 색상은 생명력, 활력, 진실성, 열정 등을 나타내며 전반적으로 희망적이고 밝은 이미지로 인식된다. 따라서, 오렌지 색상을 좋아하거나 그림에 많이 사용한 화가들이 많다.

예술에서 오렌지색은 따뜻한 분위기를 연출하는 데 많이 사용된다. 이러한 특성으로 인해, 오렌지색은 패션 등의 디자인뿐만 아니라, 벽화, 유화 등의 작품에서도 빈번하게 쓰이고 있다.

오렌지 컬러와 관계된 미술 작품들

대표적인 오렌지 컬러를 사용한 화가로는 빈센트 반 고흐(Vincent van Gogh)가 있다. 그는 자신의 작품에서 웅장한 오렌지 색채를 사용하였다. 반 고흐는 오렌지를 자연의 원사, 솔루션, 색채, 일광 등의 표현으로 이용하였으며, 이러한 작업 방식으로 인해 마치 아티스트의 개성적인 무드가 느껴지는 작품을 선보이게 된다.

현대적인 화가 중에서는 조안 미로(Joan Miró)가 오렌지색을 많이 사용하는 것으로 유명하다. 미로의 작품에서는 노랑과 빨강, 파랑 등 다양한 컬러와 함께 오렌지 컬러를 선명하게 사용하고 있다. 그는 오렌지를 자유롭고 폭넓은 영감으로 해석하여 작품 전체적으로 유쾌하고 즐거운 분위기를 자아내고 있다.

이러한 화가들은 자신의 작품에서 오렌지를 자유로운 분위기로 활용하며, 화려하고 따뜻한 느낌을 만들어 낸다.

타로카드 속 오렌지색의 성향을 내포한 카드

✻ 노란색 YELLOW

옐로우색은 밝고 활기찬 색상으로, 태양의 따뜻한 빛과 같은 느낌을 준다. 이 색은 자연에서도 많이 볼 수 있으며, 햇빛에 노출된 꽃들이나 노란색 잎사귀를 가진 나무들은 매우 아름다운 모습을 선보인다.

옐로우색은 기운차게 만들어 주는 색상으로, 우울한 기분을 해소시켜 주는 효과가 있다. 또한, 창의성과 집중력을 높여주는 효과도 있기 때문에 공부를 하거나 일을 할 때 노란색을 활용하는 것이 좋다.

이 색은 행복과 긍정적인 이미지를 떠올리게 해 주기 때문에, 선물이나 인테리어 등에서도 많이 활용된다. 옐로우색의 다양한 색조와 조합을 통해 다양한 분위기를 연출할 수 있기 때문이다.

하지만 옐로우색을 너무 많이 사용하면 눈이 아플 수 있기 때문에 적절한 양과 조화를 유지하는 것이 중요하다. 또한, 강렬한 옐로우색은 과도한 자극과 불안감을 유발할 수 있기 때문에 주의해야 한다.

옐로우색은 따뜻하고 활기찬 이미지를 떠오르게 해 주는 색상이다. 적절하게 활용하면 긍정적인 기분과 창의성을 높여주는 효과를 누릴 수 있다.

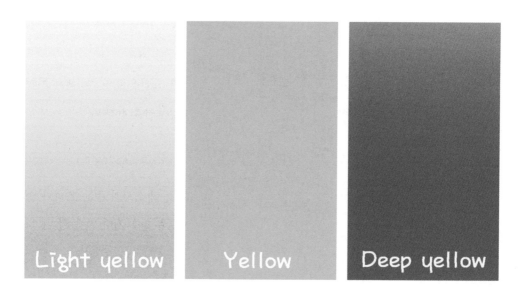

Light yellow · Yellow · Deep yellow

- **긍정**: 태양, 밝음, 기쁨, 활력, 지혜, 창조성, 황금, 인기, 보호, 희망, 애교, 안전, 전구, 유쾌함, 가벼움, 배려심, 영감, 경쾌함, 자신감, 화려함, 행복, 애정, 온화함, 따뜻함, 열정, 새로운, 유연성, 자유로움
- **부정**: 배신, 외로움, 산만한, 질투, 경고, 편견, 이중성, 비겁함, 산만함, 아집, 위험

1. **진로 · 직업**: 일러스트레이터, 조각가, 패션 디자이너, 그래픽 디자이너, 여행 및 호텔 분야, 광고, 마케팅 기획자, 판매인, 학원강사, 선생님, 어린이집 교사, 영업, 유통, 중개인, 중매인, 작가, 아나운서, 방송인, 운동선수, 건축, 연예인

2. **건강**: 옐로우색은 대체로 에너지 충전 및 활성화를 돕는 색상으로 간주된다. 소화장애, 간기능장애, 위염, 췌장염, 십이지장염, 집중력 장애, ADHD 주의.

라이트 옐로우 LIGHT YELLOW

라이트 옐로우색은 밝고 경쾌한 이미지를 상징하는 색으로, 따뜻함과 활기찬 느낌을 주어 다음과 같은 분야에서 사용된다.

1. **건강**: 라이트 옐로우색은 대체로 신선하고 자연적인 이미지를 상징하며, 청정과 건강을 나타낸다. 건강은 나쁜 편은 아니니 쉽게 피곤해하거나 소화기를 잘 살펴야 한다.

2. **연애**: 라이트 옐로우색은 대체로 밝고 쾌활한 이미지로, 소통이 잘되고 교감이 잘되는 관계이다. 상대에게 관심을 보이고 알아 가는 단계이다. 상대에 대해 정보를 수집하거나 sns 활동을 통해 상대의 취향이나 생활에 대해 알고 싶어 할 수 있다.

3. **성격**: 라이트 옐로우색을 좋아하는 사람들은 대체로 쾌활하고 진취적이며, 임기응변 즉 대처능력이 강하다. 이들은 적극적이지만 때로는 깊이 생각하지 않고 대충대충 넘기고 한다. 타인을 지나치게 의식하거나 의외로 남 눈치를 많이 본다.

4. **금전**: 라이트 옐로우색은 다양한 분야에서 사용되며, 대체로 경쟁적이고 창의적인 면을 강조한다. 금전운은 좋은 상태이다. 또는 금전에 대해 손해보지 않으려 할 때 나온다. 옐로우색은 비교적 금전운이 좋은 상태라고 본다.

라이트 옐로우색은 대체로 밝고 경쾌한 이미지를 상징하는 색으로, 대체로 희망, 활기, 청정 등을 연상시킨다. 이 색은 대체로 자신감과 참신함을 나타내며, 인간의 인식과 학습능력을 높이는 능력도 있다고 한다. 따라서, 긍정적인 이미지를 강조하는 분야에서 활용할 수 있다.

- 상담 팁: 라이트 레드 옐로우의 하단 부분은 옐로우 카드의 컬러이다. 만일 라이트 오렌지의 역카드를 뽑았다면 오렌지 카드의 속성도 함께 리딩해 주어야 한다.

노란색 YELLOW

옐로우색은 활기차고 밝은 이미지를 상징하는 색으로, 따뜻함, 경쾌함, 활기 등을 나타낸다. 다음과 같은 분야에서 사용된다.

1. **건강**: 옐로우색은 밝고 경쾌한 이미지로 행동이나 활동 에너지는 좋지만 머리를 많이 써서 신경쪽 에너지와 제3차크라인 흉골과 태양총 사이의 문제가 생기기도 한다. 스트레스로 인한 장애나 소화기 계통 문제에 유의해야 한다.

2. **연애**: 옐로우색은 대체로 밝고 활기찬 이미지로, 상대방과 쉽게 친해지고 관계가 발전한다.

   다만 이성에 있어서 푹 빠지지는 않고 늘 관계에 대해 이성적으로 판단하려 하거나 객관화시키려고 한다. 상대에게 인정받고 챙김받고 관심을 받고자 하는 욕구가 강하다.

   연애 중인 커플일 경우에는 서로 지금 재밌고 믿을 만한 사람을 만나서 의지하고 싶다는 상태이다.

   부정일 때는 상대의 배신이나 변심의 우려가 있다.

3. **성격**: 옐로우색을 좋아하는 사람들은 열정적이고 활기차며, 목표 지향적이다.

   외향적이라 친근하고 쉽게 다가갈 수 있다.

   긍정적이고 낙천적이며, 자신감이 있다.

   도전적인 정신, 창조력 등에 강하게 관심이 있다.

   명랑하고 밝아서 주변에서 인기가 많다.

   개방적인 성향이며 이지적인 면모가 있다.

   완벽주의자라는 평가를 받는다.

   인정욕구가 강하다 보니 사람들 앞에 본인을 드러내고 칭찬받고 따르길 원한다.

4. **금전**: 옐로우색은 대체로 활기찬 이미지로, 대체로 창의적인 생각, 경쟁력 등을 강조한다.

   아주 좋은 금전운을 나타낸다. 보너스나 상여금, 퇴직금, 적금, 대출금, 잔금 등에서 등장하기도 한다.

옐로우색은 대체로 밝고 활기찬 이미지를 상징하는 색으로, 대체로 긍정적인 이미지를 강조한다. 이 색은 대체로 명확하고 직설적인 이미지를 전달할 수 있으며, 대체로 인간의 두뇌 기능을 활성화시킬 수 있다. 그러나 과한 옐로우색을 사용할 경우 지나치게 자극적이고 불안정해질 수 있다.

어두운 노란색 DEEP YELLOW

딥 옐로우색은 다소 진한 황색 계열의 색이며, 주로 대담하고 강한 이미지를 상징한다. 다음과 같은 분야에서 사용된다.

1. **건강**: 딥 옐로우색은 대체로 많은 스트레스를 받는 상태이거나 걱정거리가 많은 상태이다. 따라서 두통과 어지럼증, 신경과민이나 노이로제 강박증이 생길 수 있다. 회사나 일, 금전 등으로 신경 쓰는 일이 많아 스트레스성 위염, 위궤양, 십이장염, 췌장염 주의.

2. **연애**: 딥 옐로우색은 대체로 대담하고 강한 이미지로, 상대방에게 질투를 하거나 집착하는 경우가 생긴다. 의심하고 뒤를 캐려 한다거나 자꾸 따지고 피곤하게 만들기도 한다. 혼자서 상상하고 오해하고 의심해서 사이가 나빠질 수 있으니 조심해야 한다.

3. **성격**: 딥 옐로우색을 좋아하는 사람들은 대체로 독립적이고 대담한 성향을 가지며, 대체로 도전적이고 무모한 면을 보인다. 공부나 일, 자기발전에 몰두한다. 직감과 영

감이 발달하고 사람을 경계한다라는 인상을 줄 수 있다.

이기적이며 까다롭고 까칠하다.

너무 계산적이라서 인색하다는 평을 듣는다.

완벽주의자 워커홀릭의 사람이 많다.

4. 금전: 딥 옐로우색은 대체로 강한 이미지와 대담한 분위기를 강조하는데, 이러한 이미지는 다양한 분야에서 사용된다. 대체로 자신감, 창의력, 경쟁력 등을 강조하기에 허세를 위한 낭비나 황금만능주의에 빠질 수 있지만 금전운은 상당히 좋다.

딥 옐로우색은 다소 진한 황색 계열의 색이며, 대체로 대담하고 강한 이미지를 상징하는 색이다. 이 색은 대체로 자신감과 독립적인 이미지를 강조하며, 대체로 긍정적인 면을 강조한다. 그러나 과도한 사용은 지나치게 강한 이미지를 전달하여 인상을 위태롭게 할 수 있으므로, 적정한 사용이 필요하다.

- 상담 팁: 딥 옐로우 카드의 상단 부분은 옐로우 카드의 컬러이다. 만일 딥 옐로우의 정카드를 뽑았다면 옐로우 카드의 속성도 함께 리딩해 주어야 한다.

옐로우색은 해바라기, 달고나, 바나나 등 따뜻하고 밝은 이미지를 연상시키며, 자신을 안정시키고 기분을 상승시키는 효과를 가지고 있다. 예술에서 옐로우색은 바람직한 인간관계, 창의성, 지식 등을 상징하는 색상이기도 하다. 따라서, 옐로우색을 좋아하거나 그림에 자주 사용한 화가들이 많다.

예술에서 옐로우색을 많이 사용한 화가로는 비달 살바도르(Diego Velázquez)가 있다. 그는 17세기 스페인의 화가로서, 자신의 작품에서 화려하고 진보적인 색상을 사용하였다. 그의 대표작 중 하나인 〈레스피라시온〉에서는 옐로우색 컬러가 주를 이루고 있으며,

옐로우색을 활용하여 유화의 상징적 의미를 상징적으로 전달하고 있다.

옐로우색과 관련된 미술 작품들

현대적인 화가 중에서는 파울 클레(Paul Klee)가 노란색을 많이 사용하는 것으로 알려져 있다. 클레는 화려하고 다양한 색채로 자신의 작업을 대변하는 것으로 유명하며, 그의 작품에서는 옐로우색 컬러가 강조적으로 사용되고 있다. 그는 옐로우색을 자유롭고 폭넓은 영감으로 해석하여 작업하였으며, 이러한 작업 방식으로 인해 독특한 작업을 선보인다.

그 외에도 가이 포탈(Guy Portelli), 빈센트 반 고흐(Vincent van Gogh), 마르크 샤갈(Marc Chagall), 페르디난드 레제(Nicolas de Stael), 힐링턴 킹(Harington Knight) 등의 화가들이 옐로우색을 많이 사용하고 있다. 이러한 화가들은 자신의 작품에서 옐로우색과 관련된 다양한 상징과 의미를 담아내고 있다.

타로카드 속 옐로우색의 성향을 내포한 카드

✻ 초록색 GREEN

그린색은 자연에서 가장 많이 볼 수 있는 색 중 하나이다. 식물, 나무, 잔디 등에서 많이 볼 수 있으며, 자연을 상징하는 색으로도 자주 사용된다.

그린색은 눈에 매우 부드럽고 쾌적한 느낌을 주어, 심리적으로 안정감을 주는 색이라고도 한다. 또한, 자연적인 색상이기 때문에 무난하면서도 차분한 느낌을 주어, 많은 곳에서 사용되어 왔다.

그린색은 집 안에서도 많이 사용되는 색 중 하나다. 벽지, 가구, 커튼 등에서 많이 볼 수 있으며, 실내에서는 녹색 식물을 배치하여 자연스러운 분위기를 연출하는 것도 좋은 방법이다.

또한, 그린색은 치유의 효과도 있다고 한다. 블루색은 진정 효과가 있고, 옐로우색은 활기를 주는 효과가 있기 때문에, 이 두 색상을 혼합한 그린색은 심신 안정과 체력 회복에도 도움을 준다고 한다.

그린색은 무난하면서도 안정감을 주는 색상으로, 다양한 분야에서 사용되고 있다. 또한, 자연과 친화적인 이미지를 가지고 있어, 우리의 일상에서도 자주 접할 수 있는 색 중 하나이다.

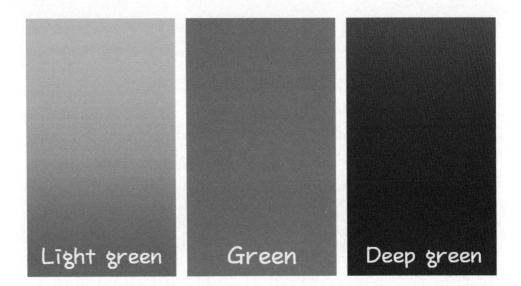

Light green　　　　Green　　　　Deep green

주요 키워드

- **긍정**: 자연, 생명력, 신선함, 청춘, 건강, 안정, 평화, 진실, 희망, 안전, 위생, 친환경, 미래, 조화, 찰떡궁합, 안락함, 협조, 재미, 창조성, 사랑, 인내, 계곡, 숲, 용기, 지혜, 신뢰, 성취함, 성실, 치료, 치유, 성숙, 재생
- **부정**: 유치한, 미숙한, 두려움, 미흡한, 거부, 죽음, 공포, 자신감 결여, 반항, 유아적인

1. **진로 · 직업**: 교육, 복지, 사회단체, 문학, 여행, 인권운동, 여행가, 정치, 의료, 의술, 자연요법, 예술, 원예, 상담, 심리, 문화, 마케팅, 언론, 의사, 법조, 친환경 생물, 동물, 농업, 자연보호, 교사, 사회단체

2. **건강**: 호흡기 계통, 폐질환, 천식, 공황장애, 부정맥, 교감신경계, 고혈압, 저혈압. 심장질환 주의.

밝은 그린 LIGHT GREEN

라이트 그린색은 빛나는 녹색 계열의 연한 색으로, 대체로 신선하고 자연적인 이미지를 상징한다.

1. 건강: 라이트 그린색은 대체로 자연적이고 신선한 이미지를 강조한다. 건강 면에서는 안정적이거나 편안한 상태이다. 부정의 상태일 때는 호흡기 질환과 천식에 주의를 요한다.

2. 연애: 라이트 그린색은 대체로 열정적이고 혁신적인 이미지를 강조하는 데 사용된다.
썸타는 시기, 이제 막 시작하는 연애 초기이거나, 서로를 알아 가는 단계이다.
나이 차이가 나는 연하를 만나거나, 순수한 만남을 하고 있다.
아직 적극적이지 않고 서로 조심히 만나고 있는 관계이다.
친구이거나 동성애의 마음도 나타낸다.

3. 성격: 라이트 그린색을 좋아하는 사람들은 대체로 창조적이고 자유로운 영혼을 가진다. 이들은 때묻지 않은 면모를 보인다. 대체로 친근하고 재미있으며, 다양한 관계망을 가질 수 있다.
배려심이 있고 타인의 이야기를 잘 들어준다.
다소 우유부단한 성격이거나 지나치게 조심하는 사람이다.

4. 금전: 라이트 그린색은 대체로 자연적이고 창조적인 이미지를 강조하는 데 사용된다.
고정적인 수입원이 있어서 수입이 발생된다.
신규사업이나 새로운 거래처나 새로운 아이템으로 돈을 벌 수 있다.

라이트 그린색은 대체로 신선하고 자연적인 이미지를 상징하는 색으로, 창조적이고 혁신적인 이미지를 강조한다. 이 색은 부드러운 이미지를 전달할 수 있으며, 마음을 진정시키며, 집중력 및 창의성 활성화에 도움을 줄 수 있다. 그러나 과도한 사용은 무관심하고 재미없는 이미지를 전달하여 큰 효과를 얻지 못할 수 있다.

- 상담 팁: 라이트 그린 카드의 하단 부분은 그린 카드의 컬러이다. 만일 라이트 그린의 역카드를 뽑았다면 그린 카드의 속성도 함께 리딩해 주어야 한다.

초록색 GREEN
그린색은 자연의 선명한 색으로 활력과 안정성의 이미지를 상징한다.

1. **건강**: 그린색은 치유적인 이미지를 강조한다. 자연 요법, 천연 보조제, 재활 센터 등 건강 분야에서 사용된다. 그린이 등장할 때는 성장하는 단계 즉 회복기에서도 등장한다.
   만일 내담자가 과거에 질환이 있었을 때는 회복하고 있는 단계이다. 신체적으로 안정된 상황이나 부정의 의미일 때는 휴식을 취해야 하거나 안정을 요구한다. 폐나 천식, 심장질환, 교감신경계 주의.

2. **연애**: 그린색은 안정적이고 편안한 연애를 나타낸다. 서로 소울메이트 같은 관계이거나 소통이 원활하고 정서적으로 교감할 수 있다.
   성실하고 서로에 대해 믿음이 있어서 한 사람과 오래 교제를 한다. 때로는 친구나 직장동료에서 연인으로 발전할 수 있다. 주변의 소개팅이나 중매 또는 직장, 학교, 모임, 동호회에서 만남이 이루어지기도 한다.

3. **성격**: 그린색을 좋아하는 사람들은 친근하고 차분한 성향을 가지며, 다양한 사람들과 어울리기 쉽다. 타인을 쉽게 믿으며 잘 속는다.

인간관계에 많은 시간과 에너지를 쏟는다.

창의성이 있고 젊은 마인드를 가지고 있다. 관대하고 타인을 배려하는 성향을 가진다.

성실하며 법을 준수하고 이해심이 많다. 온화하고 동물이나 자연을 좋아한다.

인내심이 강하고 참을성과 끈기가 있다.

옳고 그름에 대한 기준이 명확하고 명분을 중요시한다. 다소 지루하고 고리타분하다.

수동적이고 나서는 것을 좋아하지 않는다.

4. 금전: 그린색은 활력적이고 안정적인 이미지를 상징하는 데 사용된다. 안정적인 수입원이 있어서 금전운은 좋다. 소박하고 금전욕이 강하지 않기에 사치를 하지 않는다.

그린색은 활력과 안정성의 이미지를 상징하는 색이다. 이 색은 대체로 차분하고 친근한 이미지를 전달할 수 있으며, 대체로 안정감과 평온함을 느끼게 하는 데 효과적이다. 그러나 과도한 사용은 소심하고 무관심한 이미지를 전달하여 큰 효과를 얻지 못할 수 있다.

어두운 그린 DEEP GREEN

딥 그린색은 진한 녹색 계열의 어두운 색으로, 대체로 권위 있는 이미지와 안정성을 상징한다.

1. 건강: 딥 그린색은 건강하고 안정적인 이미지를 강조한다. 전원생활이나 공기가 좋은 곳에서 건강한 웰빙생활을 하기도 한다. 비교적 좋은 건강 상태이다. 부정적 의미일 때는 교감신경계, 혈압 관련 폐질환 주의를 한다.

2. 연애: 다크 그린색은 창의적이고 완성도 있는 이미지를 강조한다. 서로 알고 지낸 지 오래되었거나 믿음이 깊은 사이이다. 연애 중이거나 부부 사이일 경우는 설렘이나 신선함이 떨어져 친구 같거나 전우애 같은 사이일 수 있다.

육체적인 스킨십이 부족하거나 육체적 관계 없이 정신적으로는 만족스러운 사이이다. 지나치게 무덤덤하고 지루해서 변화를 추구해야 할 수도 있다.

3. **성격**: 딥 그린색을 좋아하는 사람들은 카리스마가 있고 자신감이 높다. 권위 있는 이미지를 선호한다. 단호하지만 균형 감각도 뛰어나다. 희생정신이 강하고 인내심이 탁월하다.

조직사회 생활이나 단체 생활을 잘한다. 주변의 평가나 윗사람 직장 상사들의 평판이 좋고 신임이 두텁다. 보수적이고 성실하나 타인의 눈치를 많이 본다. 적극성이나 진취성, 모험심은 약하다.

4. **금전**: 딥 그린색은 안정적이면서도 높은 권위를 의미한다. 안전한 투자를 좋아해서 은행에 저축을 좋아한다. 주로 은행 VIP 손님이 많다. 안정적이고 지속적인 수입이 발생되어서 금전운은 좋다.

딥 그린색은 권위 있고 안정적인 이미지를 상징하는 색이다. 이 색은 대체로 고급스러우며, 완성도가 높은 이미지를 전달할 수 있다. 대체로 믿을 수 있고 신뢰감을 주는 이미지를 연출할 수 있다. 그러나 과도한 사용은 거만하고 건조한 이미지를 전달하여 큰 효과를 얻지 못할 수 있다.

- 상담 팁: 딥 그린 카드의 상단 부분은 그린 카드의 컬러이다. 만일 딥 그린의 정카드를 뽑았다면 그린의 속성도 함께 리딩해 주어야 한다.

그린은 자연스럽고 평화롭다는 인식으로, 많은 사람들에게 마음을 차분하게 만들어 준다. 예술에서도 그린은 형상, 생성, 재생, 생명력 및 성장 등의 의미를 지니고 있으며, 그린 컬러는 예술 작품뿐만 아니라 패션, 공간 디자인 등 다양한 분야에서 널리 사용된다. 그렇기 때문에, 그린을 좋아하거나 그림에 많이 사용한 화가들도 있다.

그린색과 관련된 미술 작품들

예술에서 그린 컬러를 많이 사용한 화가는 피카소(Pablo Picasso)이다. 피카소는 그린 컬러를 그의 작품에서 많이 사용하는데, 그린 컬러는 피카소의 작품에서 자연의 평화롭고 조용한 분위기를 전달하기 위한 기술적인 요소로 사용되었다. 예를 들어, 그의 대표작 중 하나인 〈시즈곡 아내〉에서는 그린 컬러가 눈에 띄게 사용되고 있으며, 이를 통해 작품의 전체적인 분위기를 조성하고 있다.

또한, 클로드 모네(Claude Monet) 역시 그린 컬러를 많이 사용하는 화가 중 한 명이다. 그의 작품들은 자연스럽고 조용한 분위기를 전달하며, 거의 모든 작품에서 그린 컬러가 사용되고 있다. 모네는 자연을 그리는 과정에서 그린 컬러를 많이 활용했으며, 이를 통해 그의 작품에서 조용하고 평화로운 분위기를 만들어 냈다.

그 외에도, 앤드류 와이어(Andrew Wyeth), 다비드 호크니(David Hockney), 마르세네 (Marsden Hartley) 등의 화가들 또한 그린 컬러를 자주 사용하는 것으로 유명하다. 이러한 화가들은 그린 컬러를 이용하여 그들 자신의 작품에서 의미와 문맥을 상징적으로 표현하고 있다.

타로카드 속 그린색의 성향을 내포한 카드

✻ 파란색 BLUE

블루는 매우 아름다운 색상 중 하나이다. 그것은 구름 없는 하늘과 같은 맑고 깨끗한 느낌을 준다. 블루는 차분하고 진지한 분위기를 만들어 내며, 흔히 신뢰와 안정성의 상징으로 여겨진다.

블루는 많은 문화권에서 중요한 역할을 한다. 예를 들어, 그것은 그리스 신화에서 바다와 천국을 나타내는 색으로 사용되었으며, 기독교에서는 천국으로 연결되는 색으로 여겨진다. 인도에서 블루는 신성한 색으로 여겨지고 있으며, 중국에서는 행운이나 풍요로움을 상징하는 색으로 여겨진다.

블루는 우리의 일상생활에서도 많이 사용된다. 그것은 흔히 의료 기기나 의료복에서 사용되며, 또한 많은 회사에서도 브랜드 컬러로 사용된다. 또한, 블루는 물과 관련된 제품에서도 많이 사용된다. 예를 들어, 수영장, 해변용 의자 및 일반적으로 수상 스포츠와 관련된 제품에서 많이 볼 수 있다.

파란색은 매우 다양한 의미와 상징성을 가지고 있다. 그것은 신뢰, 안정, 신성성, 행운, 풍요, 천국 등의 다양한 의미를 가지고 있다. 그리고 그것은 아름다운 색상으로 우리의 일상생활에서 많이 사용되고, 많은 문화에서 중요한 역할을 한다.

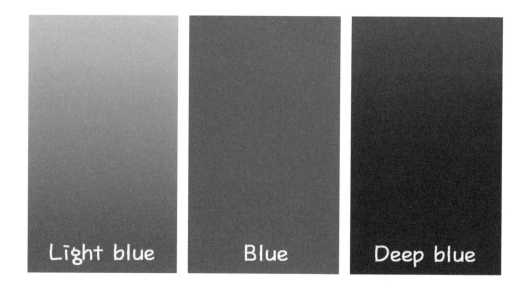

Light blue   Blue   Deep blue

- **긍정**: 신뢰, 신념, 평온함, 안정감, 청소년기, 젊음, 명랑함, 영광, 유지, 청명함, 바다, 하늘, 야망, 전망, 로열티, 지식, 진실, 자유, 출발, 정의, 존중, 바람, 감사, 효율성, 청혼, 근성, 차분함, 깨어 있는 마음, 깨지 않는 결의, 고민, 꿈, 기대, 기적, 깊은 울림, 치유, 희생, 전율, 대담함, 희망
- **부정**: 비현실, 독단적, 아집, 냉정, 고독, 우울함, 내성적 불안

1. **진로·직업**: 사무직, 변호사, 법조인, 방송인, 기자, 작가, 아나운서, 상담사, 여행, 복지 관련직, 광고, 정치, 정보산업, 우주항공, 여행, 예술, 아티스트, 출판업, 행정직, 전문지식인, 교사

2. **건강**: 냉증, 혈액순환장애, 부종, 자궁, 생식기, 불임, 유산, 인후통, 후두염, 갑상선, 우울증 주의.

밝은 파란색 LIGHT BLUE

라이트 블루색은 옅은 블루 계열의 색상으로, 상쾌하고 경쾌한 이미지를 상징한다.

1. **건강**: 회사 사무직, IT 기술 등 복잡하고 집중력이 필요한 분야에서 사용되는 만큼 머리를 많이 써서 스트레스를 받는 상태일 때 나온다. 목 관련 통증 주의.

2. **연애**: 라이트 블루색은 진중하지만 경쾌한 이미지를 상징한다. 속으로 혼자 마음을 품고 있거나 고백을 못한 상태이거나 알아가는 단계일 수 있다. 연인의 경우라면 자주 못 만나거나 잠시 떨어져 있을 수 있다. 뜨겁게 연애를 하기보다는 애정에 대해 서로 간섭하지 않는, 존중하고 있는 관계거나 어느 정도 마음을 내려놓은 사이다.

3. **성격**: 라이트 블루색을 좋아하는 사람들은 상쾌하고 경쾌한 성향을 가지며, 적극적이면서도 균형감각이 좋다. 감성적이면서도 지적인 면을 가진다. 남을 도우려는 이타심이 있다. 하지만 간혹 지나치게 타인을 배려하느라 정작 본인의 자존감이 낮은 경우도 있다.
소심해서 불필요한 생각을 많이 한다.

4. **금전**: 라이트 블루색은 경쾌하면서도 안정적이고 신뢰감이 높은 이미지를 강조한다. 보험, 은행, 금융 등 안정적인 분야에서 사용된다.
무리한 투자나 투기는 하지 않는 성향이라 안정적으로 본인이 노력한 만큼의 대가는 따르는 금전운이다.

　라이트 블루색은 경쾌하고 상쾌한 이미지를 상징하는 색이다. 이 색은 감성적이면서도 지적이고 균형감각이 뛰어난 이미지를 전달할 수 있으며, 상황에 잘 적응하는 민첩한 이미지를 강조한다. 그러나 과도한 사용은 우울하고 차가운 이미지를 전달한다.

- 상담 팁: 라이트 블루 카드의 하단 부분은 블루 카드의 컬러이다. 만일 라이트 블루의 역카드를 뽑았다면 블루 카드의 속성도 함께 리딩해 주어야 한다.

파란색 BLUE

블루색은 신뢰감과 안정성을 상징하는 색이다.

1. 건강: 블루색은 신뢰감이 높고 진정 효과가 있다. 그러나 부정일 때는 우울증을 조심해야 한다. 또한 지나친 긴장으로 인해 두통이나 스트레스 질환도 동반한다. 냉증 및 부인과 질환 주의.

2. 연애: 블루색은 서로 이해를 잘하고 커뮤니케이션을 잘하는 커플을 나타낸다. 보통은 연인끼리 만나서 공통된 주제나 화제로 대화를 자주 나누는 커플이나 부부들이 많다. 서로를 이해하고 신뢰도는 높으나 뜨겁고 자주 만나서 즐기는 데이트보다는 믿어 주고 각자의 라이프 스타일을 인정하는 관계이다.

3. 성격: 블루색을 좋아하는 사람들은 신뢰도가 높고 안정적이다. 진중하고 조용하며, 규칙과 질서를 중시하는 성격이다.
책임감이 강하고 인내심이 강하다.
조용한 편이고 이성적인 성향이다.
보수적인 성향이며 논리정연하다.
즉흥적이거나 무계획적인 것을 싫어한다.
예민하고 부정적인 면이 있어 일어나지 않는 일을 먼저 걱정하고 고민한다.
언어능력이 탁월하다.

4. 금전: 블루색은 금전에서 나쁘지는 않다. 하지만 간혹 필요하지 않은 곳에 지출이 생

기거나, 생각지 못한 곳에서 나를 위한 지출이 생기기도 한다.

블루색은 제약, 의료기기 등 권위 있는 건강 분야에서 사용되는 경우가 많으며, 안정적이고 진중하면서도 질서정연한 이미지를 전달한다. 이 색은 진중하고 차분한 이미지를 전달할 수 있으며, 신뢰도가 높은 이미지를 강조한다. 그러나 과도한 사용은 우울하고 무관심한 이미지를 전달한다.

어두운 파란색 DEEP BLUE
딥 블루는 안정적이면서도 진중하고 권위 있는 이미지를 상징하는 색이다.

1. **건강**: 딥 블루색은 진정 효과가 있지만 깊은 우울감을 내포한다. 따라서 우울증이나 슬픔으로 인한 무기력증을 조심해야 한다. 체력저하나 냉증, 혈액순환장애, 생식기 장애, 우울증. 식중독 주의.

2. **연애**: 딥 블루색은 연애에서는 냉담하고 차가운 시기거나 싸우거나 헤어져서 냉각기를 가질 때 나온다. 때로는 아주 안정기에 들어서 오래된 부부같은 느낌일 때도 나온다. 만일 연애 중에 한쪽에서만 이 색상이 나온다면 한 사람이 일방적으로 참고 있거나 희생하고 있는 경우이다.
때로는 외롭고 고독한 상태일 때 등장한다.

3. **성격**: 딥 블루색을 좋아하는 사람들은 진중하면서도 차분하다.
권위 있고 명예를 중요시한다.
관리능력, 업무능력, 경영능력이 뛰어나다.
뛰어난 지도력과 리더십, 균형감각을 가졌다.
연애나 가정일보다는 사회적 일이나 명예에 치중한다.

융통성이 부족하며 자신은 항상 올바른 판단을 한다고 믿는다.

냉정하고 개인주의적인 성향이 보이기도 한다.

4. 금전: 과도하게 사치를 하거나 무리한 쇼핑이나 낭비를 한다.

딥 블루색은 차분하고 안정적인 이미지를 전달한다. 이 색은 진중하고 권위 있는 이미지를 강조하기 때문에, 권위 있는 분야에서 사용된다. 그러나 과도하면 무겁고 차가운 느낌을 준다.

블루는 지식, 충성, 진실, 평화 등을 나타내는 색이며, 예술 작품에서도 매우 다양하게 사용된다. 따라서, 블루 컬러를 좋아하거나 그림에 많이 사용한 화가들이 많이 있다.

- 상담 팁: 딥 블루 카드의 상단 부분은 블루 카드의 컬러이다. 만일 딥 블루의 정카드를 뽑았다면 블루 카드의 속성도 함께 리딩해 주어야 한다.

블루색과 관련된 미술 작품들

예술에서 블루 색상을 많이 사용한 대표적인 화가로는 모네(Claude Monet)가 있다. 모네는 블루를 주로 사용한 것으로 유명하며, 그의 작품에서는 블루 컬러가 과감하게 가미되어 있다. 그의 대표작 중 하나인 〈아미앵 크로아시 이부(Amiens Cathedral, West facade, sunlight)〉에서도 블루색이 눈에 띄게 사용되고 있는데, 자연으로부터 받는 빛과 얼음과 같은 차가움을 표현하기 위함이다.

현대적인 화가 중에서는 우드 기어(Wood Gaylor)가 블루 색상을 많이 사용하는 것으로 유명하다. 그의 작품 중 일부는 거의 블루색만을 사용하여 조용하고 차분한 분위기를 표현하고 있다. 그는 블루 색상과 다른 팔레트를 조합하여 작품의 다양한 측면을 강조하고 있으며, 자연과 인간의 관계, 삶의 의미 등을 파란색을 통해 다채롭게 표현하고 있다.

그 외에도, 마르크 샤갈(Marc Chagall), 요한스 베르메르(Johannes Vermeer), 페르디난드 화이텔(Ferdinand Hodler), 앙리 마티스(Henri Matisse) 등의 화가들이 블루를 자주 사용하며, 블루색을 다양한 상징과 의미로 활용한다. 이러한 화가들은 색채를 이용하여 복잡하고 혁신적인 작품을 창조하였으며, 그중에서도 블루색을 주요 색상으로 사용한 것으로 유명하다.

타로카드 속 블루색의 성향을 내포한 카드

✳ 남색 INDIGO

인디고는 파랑과 빨강의 조합으로 이루어진 색상으로, 차분하면서도 활기찬 느낌을 주는 색이다. 어두운 밤하늘의 색감이나 깊은 바다의 색상을 연상시키기도 한다.

인디고는 차분하면서도 세련된 느낌을 주는 색상으로, 옷이나 가구, 인테리어 소품 등 다양한 분야에서 사용된다. 특히 남성들이 선호하는 색상 중 하나이며, 깔끔하면서도 멋스러운 느낌을 주기 때문이다.

또한 인디고는 안정감과 집중력을 촉진시키는 효과가 있다고 한다. 따라서 공부나 집중력이 필요한 작업을 할 때에도 인디고 컬러를 사용하면 좋다.

하지만 너무 어두운 인디고는 우울감을 유발할 수 있으므로, 적당한 양을 사용하는 것이 좋다. 또한 다른 색상과 함께 조화롭게 사용하는 것이 좋으며, 화려한 색상과 함께 사용하면 더욱 눈에 띄는 효과를 얻을 수 있다.

인디고는 무난하면서도 세련된 색상으로, 다양한 분야에서 사용되고 있다. 적당한 양으로 사용하면 안정감과 집중력을 높여주며, 다른 색상과 함께 사용하면 더욱 멋진 느낌을 얻을 수 있다.

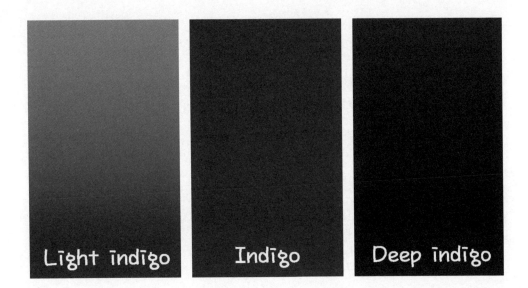

Light indigo　　　Indigo　　　Deep indigo

- **긍정**: 신뢰, 진실, 권위, 보호, 경계, 신념, 정직함, 규율, 성취, 집중력, 안정, 자신감, 차분함, 꿈, 로열티, 운명, 완벽함, 책임감, 인내, 비전, 승리, 영광, 시크함. 경쟁, 믿음직스러운, 결의, 안보, 조직, 평화, 집무실, 지식
- **부정**: 상처, 집착, 침체, 우울증, 상실, 무기력, 냉정함, 차가움, 고독, 독단적, 채찍질, 기다림

1. **진로·직업**: 상담, 법조인, 교사, 교수, 언론인, 교육업, 타로 상담, 역술인, 종교인, 방송인, 작가, 사무직, 연구직, 금융업, 출판업, 예술인, 봉사자, 창의적인 일, 디자이너, 상담사, 사회복지사, 심리학자, 환경운동가, 동물애호가, 정신과전문의

2. **건강**: 우울증, 정신적 스트레스, 신경과민, 피해망상, 냉증, 원기부족, 두통 주의.

밝은 남색 LIGHT INDIGO

라이트 인디고색은 대체로 고귀하고 세련되며 우아한 이미지를 전달한다.

1. 건강: 라이트 인디고색은 성숙하고 우아한 이미지를 강조한다. 환자를 수용하는 시설이나 완화의료, 중증질환 등에서 사용된다. 정신적 스트레스나 감정 조율의 문제에 주의를 요한다.

2. 연애: 라이트 인디고색은 좋아하는 감정의 단계보다는 믿고 신뢰감으로 바라보고 있거나 존경하고 배울 점이 있는 사람이라고 바라보고 있다.

3. 성격: 라이트 인디고색을 좋아하는 사람들은 섬세하고 예술적인 감각을 가진 성격이다. 여유로움을 중시하며, 성숙하고 우아한 이미지를 선호한다. 조용하고 사려깊으며, 차분하면서도 예의를 중시한다. 생각이 많고 차분하고 신뢰감을 준다. 희생하고 배려하는 타입이며 나서지 않고 뒤에서 묵묵히 책임을 다한다.
이해심이 많고 타인과 약속을 중요시한다.
소심하고 내성적이며 생각이 지나치게 많다.

4. 금전: 라이트 인디고색은 희생하고 기다려야 한다. 금전운은 좋지 않다 금전 면에서 작은 걱정거리가 있다.

라이트 인디고색은 대체로 성숙하면서도 우아하고 섬세한 이미지를 강조하기 때문에, 고급스러운 브랜드나 상품에 주로 사용된다.

- 상담 팁: 라이트 인디고 카드의 하단 부분은 인디고 카드의 컬러이다. 만일 라이트 인디고의 역카드를 뽑았다면 인디고 카드의 속성도 함께 리딩해 주어야 한다.

남색 INDIGO

인디고색은 신비롭고 우아한 이미지를 전달한다. 다음과 같은 분야에서 사용된다.

1. 건강: 인디고색은 정신문제, 호흡기계 질환, 스트레스성 질환, 신장질환 주의.

2. 연애: 상대방과 일시적인 거리감이나 감정이 식은 냉각기이다. 한쪽에서 참고 인내하는 관계이다.

서운함이 쌓여서 관계를 내려 놓은 단계일 수 있다.

3. 성격: 인디고색을 좋아하는 사람들은 신비로우면서도 우아한 이미지를 추구한다. 깊은 정서와 책임감을 기반으로 타인에게 믿음을 준다.

희생정신이 강하고 봉사를 잘한다.

실수나 실패를 두려하며 타인에게 완벽함을 보이려고 한다. 성공에 대한 의지가 강해서 끊임없이 노력하고 본인을 다그친다.

양심적이며 조직에 대한 충성심이나 조직력이 강하다.

4. 금전: 인디고색은 투자를 했다면 아직 때가 아니다. 매매를 하고 싶어도 시간이 소요된다.

장기적으로 기다려야 하는 상황이다.

인디고색은 대체로 신비롭고 우아한 이미지를 전달한다. 이 색은 예술성과 창의성을 추구하는 분야에서 사용되며, 럭셔리하면서도 신비로운 이미지를 강조하고자 할 때 사용된다. 그러나 과도한 사용은 무거운 이미지를 전달하여 큰 효과를 얻지 못한다.

진한 남색 DEEP INDIGO

딥 인디고색은 깊고 암울한 이미지를 전달한다.

1. **건강**: 딥 인디고색은 우울하고 침울한 이미지를 전달한다. 마음에 관련된 질환, 신경계 질환 주의. 정신질환, 신병, 대인기피증, 공포증, 과대망상증, 냉증이나 우울증을 조심해야 한다.

2. **연애**: 딥 인디고색은 감수성이 풍부하고 내향적이다. 타인에게 자기 마음을 잘표현하지 않아 속을 알 수 없다. 권위적이며 극단적으로 치우친 생각을 한다. 자신이 힘들고 일이 안 풀리면 연애마저도 우울함을 많이 느끼고 외톨이처럼 만남을 피하기도 한다.

3. **성격**: 딥 인디고색을 좋아하는 사람들은 깊이 있는 감수성과 우아함을 가지고 있다. 조용하고 사려깊으며, 차분하면서도 미적 감각을 중시한다.
직관력이 발달되었고 생각이 깊다.
상황에 대한 판단력이 빠르고 사물을 꿰뚫어 보는 통찰력을 지녔다. 권위적이며 보수적이고 자존심이 강하다. 불평과 불만이 많고 부정적인 사고를 한다.

4. **금전**: 딥 인디고색은 깊고 암울한 이미지를 전달한다. 나갈 돈에 비해 수입이 적거나 돈의 흐름이 원활하지 못하다. 금전 흐름은 단기적으로 계획하고 추진해서는 안 된다.

- 상담 팁: 딥 인디고 카드의 상단 부분은 인디고 카드의 컬러이다. 만일 딥 인디고의 정카드를 뽑았다면 인디고 카드의 속성도 함께 리딩해 주어야 한다.

인디고는 넓은 해와 하늘을 상징하는 색으로서, 우주적인 개념과 깊이 있는 감정, 진취성 등을 나타내며, 화가 마그리트 브랜드(Magritte Brandt)가 자주 사용한 색상 중 하나이다. 그녀는 특히 블루를 통해 평화와 영적 자유를 표현하며, 그것이 자신의 전통에 기대어 있는 동시에 혁신적인 신뢰를 구축하기 위한 필수적인 구성 요소라는 것을 말한다.

인디고색과 관련된 미술 작품들

1. 미셸 위(Michelle Jouet): 그는 프랑스의 화가로, 그의 작품 중 〈인디고 블루로 색칠된 매력(Charm Colored in Indigo Blue)〉은 명료하게 정의된 인디고 색조를 사용하여 섬세하고 아름다운 작품을 만들어 냈다.

2. 바스키아(Jean-Michel Basquiat): 그의 작품 중 〈스프레이 캔(Spray Can)〉은 여러 가지 색상 중에서도 인디고를 주요 색상으로 사용하여 구성한 작품이다.

3. 요시타카 아이즈(Shiro Yoshitaka): 그는 일본의 화가로, 그의 작품 중 〈인디고 블루의 장미(Indigo Blue Rose)〉는 미술에서 자주 사용하는 붉은 장미가 아닌 인디고 컬러로 꽃잎을 표현한 작품이다.

4. 존 워터하우스(John Waterhouse): 그의 작품 중 〈인디고 블루의 해변(The Indigo Blue Seaside)〉은 인디고 색조를 사용하여 터프한 해안선과 푸른 바다로 구성된 풍경화이다.

타로카드 속 인디고색의 성향을 내포한 카드

✻ 보라색 VIOLET

바이올렛은 파란색과 빨간색의 혼합으로 만들어진 색상이다. 이 색은 매우 독특하며, 우아하고 신비스러운 느낌을 주는 색상이다. 옷이나 액세서리, 인테리어 등 다양한 분야에서도 많이 사용되며, 특히 여성들에게 인기 있는 색상 중 하나이다.

바이올렛은 우리의 감성을 자극하는 색상으로, 우리의 정서를 안정시켜 주는 효과가 있다. 또한, 창의성과 상상력을 자극하여 창조적인 생각을 유발할 수 있다. 이러한 이유로, 예술 작품에서도 많이 사용되며, 예술가들이 자주 사용하는 색상 중 하나이다.

또한, 바이올렛은 신비스러운 느낌을 주는 색상 중 하나다. 이러한 특성 때문에, 마술이나 요술과 같은 미스테리한 분위기를 연출할 때 많이 사용된다. 또한, 이 색은 로열티와 권위를 상징하기도 한다.
예를 들어, 영국 왕실의 국기에는 바이올렛이 사용되어 왔다.

마지막으로, 바이올렛은 신체적인 효과도 있다고 한다. 이 색은 우리의 심신을 안정시켜 주고, 피로를 해소해 주는 효과가 있다고 한다. 또한, 불안감을 줄이고 집중력을 높여 주는 효과도 있다고 한다.

이처럼 보라색은 다양한 면에서 우리에게 많은 영향을 미치는 색상이다. 우리의 감성과 상상력을 자극하고, 정서를 안정시켜 주며, 신체적인 효과도 있다는 것을 알게 되었다. 다양한 분야에서 많이 사용되는 이 색상을 우리 일상에서도 적극적으로 활용해 보면 좋을 것 같다.

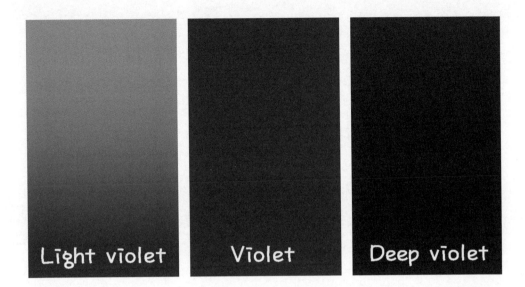

Light violet   Violet   Deep violet

- **긍정**: 로맨틱한, 창조성, 미래, 신비함, 풍부함, 품격, 우아함, 진실성, 지혜, 철학, 꿈, 우주 정신적, 열정, 비전, 로열티, 성숙함, 독창성, 예술, 신비롭다, 멋, 개성, 전망, 유머, 정신력, 집착력, 자유롭다, 예민함, 독창적, 제샛날, 안정, 고요함, 매혹적, 매력, 이상, 창조적
- **부정**: 이상함, 고독, 불안정함, 우울, 질투, 고집, 자기중심적, 사회성 부족, 자기만의 세계

1. **진로 · 직업**: 예술가, 한 분야의 전문가, 종교인, 작가, 시인, 정신과 전문의, 심리상담가, 무속인, 철학역술인, 명상힐러, 치유센터, CEO

2. **건강**: 정신질환, 우울증, 정신분열증, 중독, 불안증, 조울증, 빈혈, 두통, 무기력증 주의.

밝은 보라 LIGHT VIOLET

라이트 바이올렛색은 대체로 부드러우면서도 우아한 이미지를 전달한다. 다음과 같은 분야에서 사용된다.

1. 건강: 라이트 바이올렛색은 면역계 질환, 혈압 관련, 신경계 질환 등을 나타낸다.

2. 연애: 라이트 바이올렛색은 대체로 부드러운 연애를 추구한다. 연인에게 칭찬을 받으면서 성취감과 만족을 원한다. 동정심과 연민이 풍부하고, 마음이 여린 구석이 있어서 타인에게 의지하려고 한다.

3. 성격: 라이트 바이올렛색을 좋아하는 사람들은 부드러우면서도 강인한 이미지를 가지고 있다. 타인에게 신뢰감이 주며, 진지하면서도 화합을 추구한다. 신비한 매력과 예술적 기질이 있고 감수성이 풍부하다. 자유분방하고 봉사정신이 있다.
예민한 불안정 회복하려는 생명력 봉사, 평화롭고 평온한 자질.

4. 금전: 라이트 바이올렛색은 금전에서 허영과 사치로 돈을 소비한다. 마음이 불안정해서 길게 돈을 모으거나 투자를 오래 하지 못한다.
금전 상황은 딥 바이올렛으로 깊어지기 전 해결해야 한다. 소비욕구 자제가 필요하다.

라이트 바이올렛색은 대체로 부드러우면서도 우아한 이미지를 전달한다. 이 색은 대체로 차분하면서도 섬세하고 감각적인 이미지를 추구하며, 대체로 조화와 균형을 중요시 여긴다. 그러나 과도한 사용은 너무 부드러운 이미지를 전달하여 큰 효과를 얻지 못한다.

- 상담 팁: 라이트 바이올렛 카드의 하단 부분은 바이올렛 카드의 컬러이다. 만일 라이트 바이올렛의 역카드를 뽑았다면 바이올렛 카드의 속성도 함께 리딩해 주어야 한다.

보라색 VIOLET

바이올렛색은 대체로 우아하고 신비스러운 이미지를 전달한다. 다음과 같은 분야에서 사용된다.

1. **건강**: 바이올렛색은 고요하고 신비스러운 이미지를 전달한다. 정신과 관련된 질환, 명상, 심리치료 등에 사용된다.

   정신질환, 우울증, 정신분열증, 중독, 불안증, 조울증, 빈혈, 두통, 무기력증, 순환장애 등에 주의를 요한다.

2. **연애**: 독특하고 개성넘치는 연애를 추구한다. 창조적이고 새로운 곳을 가려 하거나 이벤트를 좋아한다. 불륜이나 떳떳하게 밝힐 수 없는 비밀스러운 연애 때에도 등장한다.

   고급스런 장소, 럭셔리한 장소, 좋은 호텔 등을 선호한다. 대접받고 싶어 하는 마음이 커서 자신을 떠받들어 주는 이성을 좋아한다. 공주병, 왕자병 등이 있다.

3. **성격**: 바이올렛색을 좋아하는 사람들은 대체로 열정적이면서도 고급스러운 이미지를 가지고 있다. 내가 원하는 것을 찾을 때까지 인내하고 견디는 참을성이 있다. 감수성이 풍부하며 자존심이 강하다. 생각이 복잡하고 자기 주장이 강하여 대인관계가 원만하지 않다. 외로움과 불안감을 많이 느낀다. 눈이 높고 타인을 낮게 평가하며 자만심이 있다. 우울하고 근심걱정이 많고 타인을 잘 못 믿는다.

4. **금전**: 바이올렛색은 대체로 독특하고 개성 있는 것을 좋아한다. 소비성이 강하며 명품을 소비하거나 특별한 것에 투자하기도 한다.

   돈이 막히는 것은 아니나 본인에 대한 투자나 소비로 지출이 생긴다. 대책 없이 소비하거나 즉흥적으로 과소비를 하게 된다.

바이올렛색은 대체로 우아하고 신비스러운 이미지를 전달한다. 구성색인 빨간색과 파란색의 조합으로 되어 있어, 약간 추상적이면서도 진지한 이미지를 전달한다. 독창성과 열정적인 이미지를 추구한다.

어두운 보라색 DEEP VIOLET

딥 바이올렛 색은 대체로 진지하고 고급스러운 이미지를 전달한다. 다음과 같은 분야에서 사용된다.

1. **건강**: 딥 바이올렛색은 대체로 깊고 진지한 이미지를 전달한다. 심신 안정을 추구하는 분야에서 사용된다. 정신과질환, 신병, 조현병, 스트레스, 우울증, 조울증 등에 주의를 요한다.

2. **연애**: 딥 바이올렛은 대체로 고급스러운 이미지를 좋아한다. 상대방을 믿지 못해서 의심을 하거나 자주 마음을 확인하려 한다.
   상대방이 조금이라도 관심이 떨어진 듯하거나 연락이 소홀하면 불안정해하고 감정 변화를 겪는다. 이별 후 트라우마가 있거나 헤어질까 봐 불안해한다.

3. **성격**: 딥 바이올렛을 좋아하는 사람들은 대체로 진취적이면서도 진지한 이미지를 가지고 있다. 대체로 존중받길 원하며, 특별대우를 받고 싶어 한다. 독특한 카리스마가 있고 주변 사람들에게 인기가 있다. 두뇌 회전이 좋고 영민하다.
   관찰력이 높고 눈썰미가 좋다.
   높은 자존감, 자신감과 야망이 있다.
   리더십이 있고 의식수준이 높다. 방탕한 생활을 하기도 한다.
   자기만의 세계가 강하다. 때론 타인을 무시하고 오만할 때도 있다. 자기중심적이며 이기적이며 허영심이 있다.

4. 금전: 딥 바이올렛은 금전에 대한 불안과 스트레스를 뜻한다. 사업이 잘 안되거나 장사가 불안정해서 금전에 대해 걱정과 근심이 생긴다.
주변의 상황이 경기침체나 혹은 안정되지 않은 상태라서 돌파구를 찾으려 해도 막막하고 불안정한 시기이다.

딥 바이올렛은 우아하고 고급스러운 이미지를 전달한다. 과도한 사용은 불안하고 음울한 이미지를 전달할 수 있다. 바이올렛과 비슷한 이미지를 전달하며, 진지하고 진취적인 성향을 강조한다. 딥 바이올렛은 심적 안정과 안락함을 추구하며, 지성을 강조하는 분야에서 사용된다.

- 상담 팁: 딥 바이올렛 카드의 상단 부분은 바이올렛 카드의 컬러이다. 만일 딥 바이올렛의 정카드를 뽑았다면 바이올렛 카드의 속성도 함께 리딩해 주어야 한다.

바이올렛은 사랑, 로맨스, 개성, 매력 등을 상징하는 고귀하고 우아한 컬러이며, 예술에서도 높은 가치를 지닌다.

바이올렛과 관련된 미술 작품들
광주 출신의 한국의 화가인 이홍식이다. 이홍식은 그의 대표작 중 하나인 〈자화상〉에서 보라색 인물을 그려 내고 있다. 그의 작품에서 보라색은 자유롭고 우아한 분위기를 연출하는 데 사용되었다.

그 외에도, 마르크 샤갈(Marc Chagall), 폴 클레(Paul Klee), 위르겐 티피(Jürgen Teller), 리차드 프린스(Richard Prince) 등의 화가들이 바이올렛을 많이 사용한다. 이러한 화가들은 바이올렛을 기하학적 또는 실존적인 형태로 활용하며, 바이올렛을 사용하여 다양한 의미를 상징적으로 전달한다.

또한, 근대 미술 시대 여성 화가인 Toyen(Real name: Marie Čermínová) 역시 바이올렛 컬러를 많이 사용하였다. 그녀는 최초로 수묵화와 콜라주 등을 사용하여 자신만의 독특한 스타일을 형성하였으며, 작품 속에 빨강, 파랑, 노랑 등 다양한 컬러와 함께 보라색을 많이 사용한 것으로 유명하다.

이러한 화가들은 보라색의 고귀하고 매력적인 이미지를 자신의 작업에 적극적으로 반영하여, 독특하고 감각적인 작품을 창조해 내고 있다.

타로카드 속 바이올렛 컬러의 성향을 내포한 카드

2) 마이너 컬러들: 하늘색, 옥색, 분홍색, 카키색, 갈색, 황토색

✳ 하늘색 SKY BLUE

스카이 블루는 맑고 청량한 느낌을 주는 색상 중 하나다. 우리가 보는 하늘의 색깔과 비슷하여, 자연과 함께 존재하는 색이기도 한다.

스카이 블루는 보통 청량감과 평화로움을 느끼게 한다. 그래서 많은 회사나 브랜드에서 로고나 광고에 사용되는 경우가 많다. 또한, 이 색은 인테리어에 많이 사용되는 색상 중 하나이다. 벽지, 가구, 커튼 등 다양한 곳에서 활용되어 쾌적하고 시원한 느낌을 준다.

또한, 스카이 블루는 정서적인 면에서도 많은 영향을 미친다. 우울한 기분이나 스트레스를 느낄 때 스카이 블루를 보면 마음이 편안해지는 느낌을 받을 수 있다. 그래서, 명상이나 요가 등에서도 자주 사용되는 색상 중 하나이다.

하지만, 스카이 블루 컬러가 모든 상황에서 적합한 것은 아니다. 너무 밝은 스카이 블루는 눈이 아프고 시선 집중력을 떨어뜨릴 수 있다. 또한, 특정 분야에서는 지나치게 청소년적인 이미지를 불러일으킬 수도 있다. 따라서, 사용하는 상황과 분야에 따라 적절히 활용하는 것이 중요하다.

스카이 블루는 맑고 상쾌한 느낌을 주는 색상 중 하나다. 다양한 분야에서 활용되며, 정서적인 면에서도 긍정적인 영향을 줄 수 있다. 하지만 적절한 상황과 분야에서 활용하는 것이 중요하다.

스카이 블루는 맑고 청명한 하늘을 상징하며, 그로부터 자유로움과 청량감, 조화와 균형을 상징한다.

스카이 블루는 평화, 진실성, 지혜 등을 상징하는 색상이다.

Sky blue

- **긍정**: 자유, 신뢰, 선명함, 인기, 미래, 신성함, 청소. 젊음, 개방, 아름다운, 자연, 은총, 안정, 희망. 밝음, 열정, 활동성, 창의, 청정, 청량, 자연친화, 대담. 변화, 계획, 소망, 변화, 사랑, 기다림, 수평, 혁신, 개성, 구름, 발전
- **부정**: 게으른, 지나친 자유분방함, 무계획적

1. **성격 · 성향**: 차분하고, 평화롭고, 온화한 성격을 가진 사람들이 많다. 현명하며 믿음직스럽고 지혜롭다. 감수성이 풍부하며 타인의 감정을 민감하게 받아들일 수 있다. 차분하고 믿음직스럽고 성숙한 사람들이다. 경계심이 적고 편안한 분위기를 선호한다. 섬세한 감수성과 마음의 평화를 중요시한다. 지나치게 신중하거나 소극적일 때가 있어, 결정을 내리기까지 시간이 걸리는 경우가 있다. 창의적이고 개방적인 사람으로서, 예술, 문학, 인터넷과 같은 분야에서 재능을 발휘한다. 또한, 천천히 문제를 분석하고 해결하는 능력이 있다, 결단력과 자신감이 있다. 진실하고 성실하며 단체, 조직 생활을 중요시한다. 남자다운 성향이다. 자존심 강하고, 겉보기엔 활발한 듯하지만 다소 내성적이다.

   고집이 강하고 보수적인 면이 있고 다소 변덕스럽다.

2. **진로 · 직업**: 해외연관, 항공, 우주, 기상청, 기자, 무역, 여행 관련업, 파일럿, 스튜어디스, 사진작가, 영화, 종교, 상담, 점성술, 타로 상담사

3. **금전**: 스카이 블루는 대체로 진실성과 상호 존중, 협력 등을 상징하는 색상으로 간주된다.

   금전 면에서도 나쁘지 않다. 노력한 만큼의 보상은 반드시 들어온다. 횡재운도 따르며 주변의 귀인, 지인의 도움도 생긴다.

   신규 사업, 새로운 프로젝트, 새로운 거래처, 신규 고객 유치가 생긴다. 지금 현재보다 꾸준히 수입이 늘어나서 결국 원하는 수익이 달성된다.

   사업에서도 귀인이나 운명적인 도움으로 성공함을 의미한다. 진실되게 노력하면 합당한 결과의 보상이 반드시 따른다.

4. **연애**: 스카이 블루는 대체로 상호 이해와 믿음, 성숙한 사랑 등을 상징하는 색상이다. 참된 사랑을 추구하며, 대체로 추진력이 강하고 서로를 믿고 존중하는 삶을 선호한다.

스카이 블루는 하늘이 맺어 준 인연이라는 표현이 해당되기도 한다. 서로 미래를 바라보고 진실된 마음으로 교제를 하게 된다. 서로 신뢰하고 커뮤니케이션이 잘 이루어진다. 궁합이 잘 맞는 사이이다.

5. 건강: 스카이 블루는 대체로 평화와 진정을 상징하는 색상이다. 안정적인 감정 상태와 건강한 정신적 상태를 유지한다. 마음과 몸이 고조되는 활동성을 추구한다. 전염병(진드기, 모기 등), 황사로 인한 병, 공기로 전염되는 병, 유행성 독감 주의.

- 사용시 효능: 청색 광선은 집중력과 뇌 활동을 촉진시키며, 진통 및 감염 예방 효과가 있다. 따라서 스카이 블루는 건강과 성장, 회복을 상징하는 색이다.

스카이 블루는 조화와 균형을 중시하는 색상이다. 또한 자유로운 분위기를 만들어 내는 효과가 있으며 창조성과 예술성을 추구하는 사람들이 선호하는 색상이다.

스카이 블루색과 관련된 미술 작품들

1. 클로드 모네(Claude Monet): 그의 일러스트는 주로 붓 놀림을 활용하며 바람과 해와 같은 연관성을 느끼게 한다. 그의 작품 중 〈곡류밭에 진 노을〉은 스카이 블루색으로 가득 차 있는 아름다운 일러스트이다.

2. 빈센트 반 고흐(Vincent Van Gogh): 그의 작품은 감성적이고 표현주의적이다. 〈카페 테라스에서 밤〉은 유명한 작품 중 하나로, 스카이 블루색을 포함한 자연적인 조명과 색조의 조화는 매우 아름다운 느낌을 준다.

타로카드 속 스카이 블루색의 성향을 내포한 카드

✳ 옥색 JADE BLUE

제이드 블루는 녹색과 갈색이 혼합된 색으로, 자연에서 많이 볼 수 있는 색 중 하나이다. 제이드 블루는 무게감이 있고 깊은 느낌을 주어 안정감을 준다.

제이드 블루는 주로 나무, 돌, 자연의 풍경에서 자주 볼 수 있다. 특히 가을에는 나뭇잎이 옥색으로 물들면서 아름다운 풍경을 만들어 낸다. 제이드 블루는 더운 여름이 지나가고, 가을이 시작됨을 나타내는 시그널이라고도 할 수 있다.

제이드 블루는 또한 안정성을 상징하는 색으로, 집 안에서 사용하면 안정감을 주고 마음을 안정시켜 준다. 예를 들어, 제이드 블루 벽지나 가구를 사용하면 편안한 분위기를 조성할 수 있다.

또한, 제이드 블루는 매우 다양한 조화를 만들 수 있는 색이다. 갈색이나 녹색과 함께 사용하면 자연스러운 분위기를 만들 수 있고, 빨간색이나 주황색과 함께 사용하면 활기찬 분위기를 만들어 낼 수 있다.

마지막으로, 제이드 블루는 심신 안정과 집중력을 강화하는 효과가 있다고도 한다. 따라서 공부를 하는 방에서 옥색 물건을 사용하면 집중력을 높여 주는 효과를 기대할 수 있다.

제이드 블루는 자연에서 온 색으로, 우리의 마음을 안정시켜 주며, 안정적인 분위기를 만들어 준다
제이드 블루는 옅은 연한 화이트에서 어두운 붉은 갈색에 이르는 색상을 말하며, 기존의 컬러에서 좀 더 깊이와 풍부함을 더해 주는 효과가 있다.

Jade blue

- **긍정**: 자연, 인내력, 평화, 안정성, 정확함, 적극성, 안정, 견고함, 고귀함, 부드러움, 재치, 다양성, 체력, 순수함, 물질적, 이익, 독립성, 집중력, 리더십, 균형잡힌 성격, 안정적인 삶, 도전, 규칙적, 흡수력, 신념, 인기, 품위, 우아함, 섬세함, 감성적인, 표현력
- **부정**: 나태함, 흥분, 자유분방함, 무책임한, 방종, 집요함, 내성적, 고독

1. **성격 · 성향**: 차분하고 신중하며, 현실적인 결정을 내릴 수 있는 능력이 뛰어나다. 대인관계에서 눈치가 빠르고, 세심하고 꼼꼼하게 일을 처리한다. 겸손하고, 노력파이며, 강인한 인내심이 있다. 자신감이 넘치며 균형감과 조화를 중요시한다. 리더십이 있으며, 참을성과 인내력이 뛰어나다.

   신중하며, 성취를 추구하기 위해 노력하는 노력파이다. 계획적인 사고를 하며, 자신의 역량을 믿고 자신감을 가지고 일을 처리한다. 완벽주의에 빠져 스트레스를 받을 수 있으므로, 타협이 필요할 때가 있다.

2. **진로 · 직업**: 웨딩플래너, 승무원, 파일럿, 산부인과, 가정의학과, 영업, 무역, 여행사, 여행가이드, 작가, 가족사업, 예술가, 프리랜서, 연예인. 다문화 상담사, 중개업, 상담업, 외교 분야, 동시통역, 교육업, 국제 교류, 해외근무, 국제적 온라인 사업(구매대행)

3. **금전**: 제이드 블루는 부의 안정성과 계속된 성장 등을 상징하는 색상으로 간주된다. 대체로 금전에 대한 안정성을 추구하며, 수익성이 높고 안정적인 사업에 투자한다. 지속적인 노력과 계획을 통해 재물운을 키울 수 있다.

   안정성과 풍요로움을 상징하기 때문에 구체적인 목표를 향한 투자, 재산 증식을 추구하는 경영진, 연예인 등의 직업에서 성공적인 결과를 얻을 수 있다.

4. **연애**: 제이드 블루는 성실한 사랑과 진실한 애정, 안전한 파트너십 등을 상징하는 색상이다. 안정과 안전을 추구하며, 신중하고 현명한 결정을 내리기 때문에 지극히 신뢰도가 높은 연인이다.

   서로 안정된 사이이고 편안함을 느끼는 사이이다.

   국제결혼, 외국에서 만남을 하거나, 가정적인 남자나 현모양처 스타일을 만난다.

5. **건강**: 제이드 블루는 행복과 행운, 체력, 안정 등을 상징하는 색상으로 간주된다. 규

칙적인 운동과 영양소가 충분한 식습관을 유지하고, 정서적 안정을 추구하는 생활 습관을 갖추는 것이 중요하다.

바닷물과 연관해 생명력과 자기치유력을 상징하기도 한다.

해외에서 유입되는 병(코로나, 메르스, 사스, a형 독감, b형독감 등 공기로 인한 전염병), 가족 건강 조심.

제이드 블루는 안정감과 풍요, 성숙함을 나타내는 색상으로, 과거나 현재의 전통이나 역사적 의미가 있는 분위기에서 적극적으로 사용되는 색상이다. 또한, 따스한 분위기를 조성하여 집 안 인테리어에 있어서도 매우 인기 있는 색상 중 하나다.

제이드 블루색과 관련된 미술 작품들

1. 크라이슬러(Clyfford Still): 그의 작품은 오묘한 색상 관계와 반투명한 색 구성을 이용해 제이드 블루색을 다양한 느낌으로 활용하고 있다. ⟨No. 2⟩ 작품은 제이드 블루색과 밤하늘의 어두운 느낌이 다양하면서도 매우 깊은 감성을 자아낸다.

2. 마크 슈발리(Mark Rothko): 그의 화풍은 크게 분할된 색상과 괴리감을 자아내고, 그 중에서도 주로 독특한 팔레트를 사용해 표현감이 뛰어나다. ⟨No. 61(안 블랙)⟩ 작품은 수심 있는 제이드 블루색에서 비롯된 어두운 느낌에 관하여 표현하고 있다.

타로카드 속 제이드 블루색의 성향을 내포한 카드

✻ 분홍색 PINK

핑크는 여성스럽고 로맨틱한 이미지를 상징하는 색상 중 하나이다. 핑크는 빨간색과 흰색이 혼합되어 만들어진 색상으로, 따뜻하고 부드러운 느낌을 주어 상쾌하고 밝은 분위기를 연출한다.

핑크는 사랑, 우정, 연애, 로맨스와 같은 감성적인 요소와 연관이 깊다. 특히 여성들 사이에서는 많은 인기를 끌고 있으며, 결혼식이나 기념일, 생일 등 다양한 행사에서 자주 사용된다.

또한, 핑크는 건강과 행복을 상징하는 색상으로도 알려져 있다. 예를 들어, 일본에서는 핑크색 의류를 입고 운동하는 것이 건강에 좋다고 여겨지고 있다.

핑크는 또한 인테리어에도 자주 사용되며, 부드러운 분위기를 연출하기 위해 벽지, 커튼, 침구 등 다양한 소품에 사용된다.

하지만, 핑크를 과도하게 사용하면 지루하고 지나치게 달콤한 느낌을 줄 수 있다. 따라서 적절한 양으로 사용하여 조화롭고 멋진 분위기를 연출해야 한다.

좋은 상상력과 창의성을 자극하는 핑크는 우리의 일상생활에 활기를 불어넣고, 행복하고 즐거운 분위기를 만들어 준다
핑크는 분홍색 계열 중 밝고 연한 색상을 의미하며, 남성보다는 여성들이 선호하는 색상 중 하나다.

Pink

- **긍정**: 로맨스, 사랑, 상냥함, 상징적인 적극성, 고귀함 창의성, 여성성, 사랑스러움, 멋진 외관, 자신감, 여성적인, 부드러운 느낌, 기쁨, 젊음, 우아함, 적극적, 인기, 헌신, 만족감, 행복, 활기찬 느낌. 소망, 애정, 유머감각, 인간적 성격, 귀여움, 앙증맞은 느낌, 청춘, 예술성
- **부정**: 의존적인, 가벼움, 충동적인, 끈기없는, 향락적인, 색끼가 있는, 변덕스러운

1. **성격 · 성향**: 로맨틱하고, 따뜻하며, 사람들과 친근하게 상호 작용하는 것을 즐긴다. 활기차며 활발하고, 사려 깊으며 대체로 무엇을 하든 열정적이다. 애정이 많고 정이 많으며, 유쾌한 분위기를 선호한다. 상대방과 대화하는 데 익숙하고, 자기 표현을 하는 데 능숙하다.

   부드럽고 다정한 성격을 가졌다.

   로맨틱하고, 사랑스러운 분위기를 가진다. 사람들과 교류하는 것을 좋아하며, 낙천적이고 활기찬 에너지를 지니고 있다.

   사랑에 빠지는 것에 집착하는 경향과 의존성이 있다.

   지나치게 화려하고 육감적인 모습, 또는 너무 튀는 행동으로 타인과 조화가 안 되는 단점이 있다.

2. **진로 · 직업**: 여성 관련 사업, 패션업, 화장품 사업, 뷰티 관련 사업, 유치원 교사, 아이들 관련 사업, 디자이너, 액세서리, 교사, 여성용품 판매, 상담업, 힐러

3. **금전**: 핑크는 대체로 로맨스, 감성, 예술 등을 상징하는 색상으로 간주된다.

   금전 흐름은 활발하고 매우 좋다. 하지만 저축할 수 있는 여유는 없고, 생활하는 데 만족한다. 연애 시 데이트 비용이나 선물 자신의 치장, 꾸미기, 기혼이라면 자식에 대한 소비 지출이 생긴다

   사업은 순조롭고 큰 위기 없이 활발하게 진행된다.

   간혹 귀인의 도움이 생긴다.

   예술, 패션, 미용, 음악 등 분야에서 큰 성공을 이룰 가능성이 높다.

   여성용 제품을 판매하는 사업에서 좋은 효과를 보이며, 여성 고객을 대상으로 하는 서비스를 하면 좋다.

4. **연애**: 핑크는 대체로 로맨스, 우정, 애정 등의 열정을 상징하는 색상이다. 열렬하고,

완벽한 사랑을 추구하며, 대체로 믿음직하고 충실한 연인으로 알려져 있다. 아직 솔로인 경우에는 사랑에 대한 갈구로 표현된다.

커플의 경우 다른 이성이 생길 수도 있다.

부정의 경우, 너무 지나친 애정 표현이나 의존을 심하게 하거나 사랑에 집착을 할 수도 있다.

하지만 핑크의 애정은 열렬한 사랑을 하거나 사랑을 넘치게 받을 때 나온다

5. **건강**: 핑크색은 진정과 평화, 차분함 등을 상징하는 색상으로 간주된다. 건강한 심신 상태와 안정된 정서적 상태를 유지하며, 적극적인 운동과 건강한 음식으로 건강한 몸을 유지한다. 노인병, 청소년, 가정문제 등 어른의 보호가 필요한 병, 정신적 질병, 공주병, 피터팬 증후군 주의.

6. **효능·효과**: 핑크색은 연약하거나 약해진 부분을 보충하고 회복하는 효능을 가지고 있다. 또한, 여성적인 분위기를 조성하여 여성 건강과 관련된 분야에서의 장점이 있으며, 스트레스 해소에도 도움이 된다.

핑크는 단순한 로맨틱 색상뿐만 아니라, 여성성, 사랑, 유쾌함 등 여러 면을 나타낼 수 있는 다재다능한 색상이다. 또한, 미소와 부드러운 느낌을 연상시켜 매우 사랑스러운 인상을 주어 인기 있는 색상 중 하나이다.

핑크색과 관련된 미술 작품들

1. 마리 카시안(Mary Cassatt): 그녀는 동시대의 여성 일러스트 작가를 대표하는 작가 중 하나이다. 제목이 없는 일러스트에서 그녀는 핑크색 별이 유난히 아름다운 〈미국 여성(American Woman)〉이라는 일러스트를 선보였다.

2. 피에르 오귀스트 르누아르(Pierre-Auguste Renoir): 그는 일상 속에서 살아가는 여성들의 아름다움을 그린 프랑스 화가로, 그가 선보인 〈바늘 빠는 여인들(Sewing Women)〉은 핑크색의 영감 가득한 장면을 담은 작품으로, 물결치는 천과 그 위로 과거의 지방이 담긴 건축물이 배치되어 있다.

타로카드 속 핑크색의 성향을 내포한 카드

✳ 카키색 KHAKI

카키색은 녹색과 갈색의 중간색으로, 군복에서 많이 사용되는 색상으로 유명하다. 그러나 최근에는 패션에서도 인기 있는 색상 중 하나로 자리 잡았다.

카키색은 자연스러운 느낌을 주며, 다양한 색상과 조화를 이루는 색상으로써 사용된다. 특히 브라운, 그린, 그레이 등의 다양한 색상과 잘 어울리며, 더욱 멋진 룩을 연출할 수 있다.

카키색은 브라운과 비슷한 색상이지만, 조금 더 밝고 부드러우면서도 무딘 느낌을 주는 색상이다. 이러한 특성 때문에 카키색은 봄, 가을철에 가장 어울리는 색상 중 하나로 자리 잡았다.

카키색의 다양한 조화는 패션뿐만 아니라 인테리어에도 많이 사용된다. 특히 원목 가구와 잘 어울리며, 따뜻하면서도 자연스러운 느낌을 주는 인테리어를 연출할 수 있다.

또한, 카키색은 녹색의 다양한 색상 중 하나로서 자연과 조화를 이루는 색상이다. 이러한 특성 때문에 카키색은 자연을 사랑하는 이들에게도 인기 있는 색상 중 하나이다.

카키색은 다양한 색상과 조화를 이루며, 자연스러운 느낌을 주는 멋진 색상이다.

Khaki

- **긍정**: 소박한, 내성적인, 성숙한, 투박한, 따뜻한, 겸손한, 학구적인, 강인함, 부드러운, 분위기 있는, 자연적인, 정신적인, 친근한, 편안한, 상큼한, 풍성한, 편견 없는, 낙천적인, 절제된, 실용적인, 조용한, 바른, 완전한, 독립적인, 안정적인, 인내력, 진정한
- **부정**: 고집 센, 인색한, 표현력이 약한, 아집이 있는, 소극적인

1. **성격·성향**: 카키색을 선호하는 사람들은 대체로 집중력이 강하며, 목표 달성을 위해 끈기 있게 노력한다. 규율적인 생활을 추구하며, 디테일한 부분까지 자세히 살펴보는 민감성이 높은 성격을 가진다.

   책임감과 신뢰성, 규칙을 중요시하는 충성심이 깊은 성격이다. 냉정하고 감정 표현에 어려움을 느끼기도 한다.

   차분하고 견실한 성격을 가지고 있으며, 안정감을 원한다. 신중하고 안정적이고 배려심이 있고 현실 감각이 높다. 규칙과 규율성을 중요시하는 성격이다. 집중력이 뛰어난 편이며, 성취 지향적인 성격을 보인다. 감정 표현에 어려움을 느끼고 무심하다. 재미가 없고 지루하며 고집이 있다.

2. **진로·직업**: 기술직, 금융업, 부동산, 농업, 건축, 전통기업, 목수

3. **금전**: 카키색은 수입과 지출을 체계적으로 관리하며, 적극적으로 돈을 모으는 습관을 가지고 있다. 안정적인 경제적 상황을 유지한다. 정확한 계획과 운용을 통해 기회를 보고 투자를 한다.

   신뢰성과 안정성을 상징하기 때문에, 경제, 금융 등 안정적인 분야에서 좋은 성과를 얻을 수 있다. 활동적이고 강력한 에너지로 금전을 모으고 유지하려 한다.

4. **연애**: 카키색을 선호하는 사람들은 대체로 감정 표현이 어려워 이성과의 관계에서 천천히 가까워지는 모습을 보인다. 집중력이 강하며, 상대방의 디테일한 부분까지도 놓치지 않으며, 책임감과 충성심이 높아 상대방에게 안정감을 준다. 그러나 감정 표현이 부족하다는 것을 이성이 느끼는 경우가 있다.

   발전이 더디고 지나치게 천천히 진전된다. 오래된 사이, 오래된 관계로 애정이 식고 관계에 있어 권태로울 수 있다.

   서로 속마음을 표현하지 못해 소통에 어려움이 생긴다.

상대가 매우 보수적이거나 고집이 강해서 답답하다.

5. **건강**: 카키색을 선호하는 사람들은 대체로 규칙적인 생활을 추구한다. 규칙적인 식습관과 운동 습관을 가지며, 건강을 유지하기 위해 노력한다. 스트레스에 강하며, 인내심이 강한 편이다. 긴장감이 지속될 경우 대체로 건강에 영향을 미칠 수 있으므로, 정기적으로 스트레스를 해소하는 방법이 필요하다. 자궁, 위장 문제에 주의를 요한다.

카키색은 자연스러운 분위기에서 생기는 안정감과 평온함을 나타내므로, 체력 회복에 좋은 효과를 보인다. 또한, 적정한 온도와 습도를 유지하는 환경에서 건강하고 편안한 휴식을 취할 수 있도록 도와준다.

카키색은 매우 견고하고 안정적인 이미지를 가진 대표적인 중립색 중 하나이다. 모든 분야에서 다양하게 활용될 수 있는 범용적인 색상으로, 소소한 아이템부터 대규모 제품에 이르기까지 매우 넓은 범위에서 사용되고 있다.

카키색과 관련된 미술 작품들

1. 앤드류 와이디(Arthur Weasley Dow): 그는 독창적인 조화와 선과 조형적 구성으로 유명한 미국의 화가 및 미술 교육자이다. 그가 그린 〈릴리 풀〉은 자연적인 카키색과 희미한 녹색이 어우러진 견고한 지형에 대한 그의 묘사를 담은 작품이다.

2. 프레드릭 시익(Frederick Sykes): 그는 그녀의 로맨틱한 작품으로 유명한 영국의 화가이다. 그녀의 작품 〈해빛(Sunlight)〉에서는 군복을 입은 사람들이 화려한 선호색과 카키색의 헌옷을 착용하고, 햇빛에 빛나는 풍경을 배경으로 태양의 빛이 반성되고 있다.

타로카드 속 카키색의 성향을 내포한 카드

✻ 갈색 BROWN

브라운색은 자연에서 가장 많이 볼 수 있는 색 중 하나이다. 나무, 흙, 돌 등 많은 것들이 갈색으로 물들어 있다. 브라운은 땅을 나타내는 색상이며, 우리가 살아가는 지구의 대부분이 땅으로 이루어져 있기 때문이다.

브라운은 또한 따뜻한 느낌을 주는 색이다. 따뜻한 감성을 일으키는 노란색과 빨간색의 성질을 가지고 있기 때문이다. 이러한 이유로 브라운은 주로 실내 장식과 가구, 옷 등에 많이 사용된다. 또한 브라운은 짙은 색으로 표현될 경우 고급스러운 느낌을 주기 때문에, 가죽 가방이나 구두 등에도 많이 사용된다.

또한 브라운은 자연스러운 느낌을 주는 색이다. 그러므로 자연을 표현하는 작품이나 디자인에서도 많이 사용된다. 예를 들어, 자연에서 나타나는 나무의 깊은 브라운은 많은 예술가들이 그림에 활용하는 색 중 하나이다. 또한 브라운은 자연에서 나타나는 색들과 매우 어울리기 때문에, 자연을 표현하는 작품에서 많이 사용된다.

마지막으로 브라운은 안정적인 느낌을 주는 색 중 하나이다. 불안정한 상황에서 안정적인 느낌을 주기 때문에, 갈색은 심리적으로 안정감을 느끼게 해 주는 색으로도 알려져 있다. 이러한 이유로 브라운은 군복과 같은 안정적인 이미지를 요구하는 옷들에서도 많이 사용된다.

브라운은 다양한 느낌을 주는 색 중 하나이다. 자연스러운 느낌부터 안정적인 느낌까지, 많은 면에서 우리 삶 속에서 중요한 색 중 하나이다.
또한 브라운은 적갈색과 황갈색 등 다양한 색상을 포함하는 중립 색상 중 하나이다.

Brown

주요 키워드

- **긍정**: 토지, 자연, 안정성, 신뢰, 따뜻함, 온화함, 친근감, 화합, 분별력, 진실성, 진솔함, 조용함, 보호, 안정, 원시적, 고유함, 견고함, 인내, 침착, 존경, 은혜, 박력, 실용성, 정통성, 절제, 성숙함, 고귀함, 신중함, 착실함
- **부정**: 인색한, 답답한, 지루한, 권위적인, 게으른, 내성적인, 안주하려 하는, 변화를 두려워하는, 고집스러운

브라운은 대체로 안정, 신뢰, 성실 등을 상징하는 색상이다. 이에 따라, 브라운을 선호하는 사람들은 대체로 다음과 같은 성격, 금전운, 연애운, 건강운 등을 보인다.

1. **성격 · 성향**: 안정적이며, 침착하고 현실적인 판단력을 가지고 있다. 꼼꼼하고 세심하며, 지속적으로 노력하는 인내력이 있다. 신뢰감이 강하며, 다른 사람들을 도와주는 것을 좋아한다. 현실적이며, 안정적인 삶을 추구한다. 꼼꼼하고 세심하며 주변의 평판이 좋다. 변화나 새로운 시도에 어려움을 느낄 수 있으므로 적극성이 필요하다.
마음이 넓고 이해심이 많다.
매우 정열적이고 황소같이 묵묵히 자신의 일이나 책임을 완수한다.
신념이 강하고 어려움이 닥쳐도 이겨 내려는 강한 의지와 인내심이 있다.
감정표현이 드물고 보수적이다.
원리원칙을 중요시하고 전통과 예의를 중시한다.
욕심이 많고 고집이 세다. 깐깐하고 변화나 새로운 시도에 어려움을 느낄 수 있다. 다소 소극적인 성향이고 안주하려 해서 적극성이 필요하다.

2. **진로 · 직업**: 금융업, 회계사, 연구원, 규모가 큰 사업, 전통문화재, 세무사건설, 건축, 정치가, 공무원, CEO, 부동산, 농사

3. **금전**: 신뢰와 안정성을 나타내는 색상이다. 안정적인 수입원과 건전한 경제 상황을 유지한다. 금전적인 안정을 중요시한다. 업무에서 성공을 거둘 수 있는 능력을 가지고 있다.
금전운은 좋은 상태이다. 그러나 단기적 금전보다는 장기적 금전운이 더 좋다. 돈에는 철두철미한 편이고 낭비나 사치를 하지 않는다. 가계부 근검절약 등 꼼꼼하고 절약한다.
타인에게 베풂이 인색하다.

실용성과 안정성을 상징하기 때문에 금융, 경제, 기업 로고 디자인 등에 많이 사용된다. 고급 제품 제조와 판매 분야에서 매우 인기 있는 색상 중 하나이다.

4. **연애**: 연인에 대한 신뢰와 안정성, 책임감 등을 상징한다. 진실된 애정을 추구하며, 지적인 스타일의 연애를 선호한다. 믿음직스럽고, 책임감이 강하며, 헌신적으로 대한다. 바람기는 없고 한번 만나면 오래간다. 오래된 연인이나 서로 안 맞고 힘들어도 정이 들어서 계속 이어간다.

처음에는 맞추기가 힘들지만 시간이 지나면 변하지 않는 속성으로 오래 만날 수 있다.

5. **건강**: 브라운은 대체로 장기간의 안정적인 건강 상태를 나타내는 색상이다. 건강을 유지하기 위해 규칙적인 습관과 생활 습관을 유지한다. 브라운은 대지의 색이기 때문에 자연과 연관된 분야에서 건강에 좋은 이미지를 가진다. 영양과 건강한 식습관을 상징한다. 간, 신장, 오래된 질병, 변비, 대장질환 주의.

브라운은 안정감과 신뢰성을 상징하는 색상으로, 매우 폭넓게 사용된다. 특히, 좋은 품질, 멋스러움, 고급스러움 등을 나타내는 제품과 서비스에 많이 사용된다. 또한, 다른 색상과 조합하여 사용하면 균형과 조화를 이룰 수 있어 매우 실용적인 색상이다.

타로카드 속 브라운색의 성향을 내포한 카드

✻ 황토색 OCHER

아커색은 짙은 갈색과 노란색이 섞인 색으로, 자연에서 많이 나타나는 색 중 하나이다. '황'은 노란 색조를 의미하며, '토'는 땅이라는 뜻으로, 땅의 색상을 나타내는 표현이다.

아커색은 자연의 아름다움을 담고 있다. 대지의 풍부한 자연과 햇빛을 많이 받은 토양, 노란 색조의 자연물들이 섞여 만들어진 색상으로, 따뜻하고 안정적인 느낌을 준다. 아커색은 인간의 삶과도 밀접한 연관이 있다. 예로는 땅과 작물, 건축물과 인테리어, 의류와 패션 등 다양한 분야에서 사용된다.

또한, 아커색은 인간의 심리적인 면에서도 영향을 미친다. 따뜻함과 안정감을 주며, 안락한 느낌을 준다. 이러한 이유로 아커색은 건강하고 안락한 환경을 만드는 데 많이 사용된다. 또한, 아커색은 자연 친화적인 이미지를 가지고 있어, 환경 보호와 관련된 제품에도 많이 사용된다.

아커색은 인간의 삶에서 매우 중요한 색상 중 하나이다. 자연과 인간의 공존을 나타내며, 안정감과 따뜻함을 주는 색상이다. 이러한 이유로 인테리어나 패션 등에서 많이 사용되며, 환경 보호와 관련된 제품에도 많이 활용된다.

아커색은 대지의 색상 중 하나로, 갈색과 비슷하지만 더 짙고, 땅속의 토양과 연관되었기 때문에 건강을 상징하는 색상이다.

Ocher

주요 키워드

- **긍정**: 따스함, 안락함, 활력, 차분함, 안정성, 꾸밈없는, 낭만적, 편안함, 견고함, 겸손함, 감상적, 단정함, 위로, 소박함, 질서, 견고함, 자연, 포근함, 자긍심 온전함, 참맛, 생명력, 조화, 지혜, 신뢰, 친화력, 자신감, 오래된 문명, 깊은 감성
- **부정**: 변화 없는, 고집 센, 무관심, 지루한, 집착, 아집, 인색한, 고루한, 무책임한, 지나친 욕심, 소유욕, 물욕, 거짓된

1. **성격 · 성향**: 아커색을 좋아하는 사람들은 적극적이고 활동적인 성향을 가지고 있는 경우가 많다. 자신감이 있고, 능동적이며, 무엇인가를 이루고자 하는 의지와 열정이 강하다.

   편안하고, 부드러운 이미지이며 보수적이다.

   자신감이 있고 사람들을 좋아하고 사회 적응력이 좋다. 믿음직스럽고 끈기와 인내심이 강하다.

   말과 행동이 겸손하고 매사 조심성이 있고 진중하다.

   신용을 중시하며 중립적이고 튀지 않는다.

   맡은 일 꾸준히 하는 성실성이 있다.

   단점은 은근한 고집이 있고 집착과 소유욕이 있다. 성격이나 표현이 투박하고 거침이 없다.

   눈치가 없고 융통성이 부족하다.

2. **진로 · 직업**: 건설업, 토목, 농업, 축산업, 건축, 무역, 자영업, 금융업, 정치, 부동산, 임대업

3. **금전**: 아커색은 땅의 색상과 밀접한 연관이 있기 때문에, 부동산, 농업, 화학 등과 관련된 산업에서 많이 사용된다. 부동산 투자운이 좋다. 지나친 욕심만 부리지 않으면 금전운은 좋다. 부동산 거래 등 미래에 돈이 들어올 일이 있다.

   사업이나 경영노하우가 많아서 사업운이 아주 좋다.

4. **연애**: 오래된 사이나 친구 같은 감정의 연인이나 한 가족 같은 사이일 때 나온다.

5. **건강**: 아커색은 땅의 색상과 밀접하며 오래된 고질병이나 지병을 나타낸다. 종양, 만성 변비, 대장 질환, 지병, 고질병 등 조심.

아커색은 활기찬, 열정적인 이미지와 함께 건강과 치료, 인테리어, 디자인 등 다양한 분야에서 활용된다. 또한, 바람직한 땅 위에서 태어나기 위한 열망 등을 나타내기도 한다. 따라서 언제나 긍정적인 분위기를 만들어 내는 색상이다.

아커색과 관련된 미술 작품들

1. 잭슨 폴록(Jackson Pollock): 그는 추상주의 대표적인 화가 중 한 사람이다. 그가 선보인 작품 중 〈클라스터(Cluster)〉는 매우 아름다운 작품으로, 아커색과 연한 노랑, 갈색 등의 색상을 이용하여, 방대한 자연 환경에 대한 존경심을 느끼게 한다.

2. 빈센트 반 고흐(Vincent Van Gogh): 그의 작품은 감성적이고 표현주의적이다. 〈해바라기(Sunflower)〉는 그의 유명한 작품 중 하나로, 아커색과 노란색으로 담긴 꽃잎의 어우러짐과 한계 없는 공간의 감성이 매우 아름다운 작품이다.

타로카드 속 아커색의 성향을 내포한 카드

3) 구리색, 회색, 검정색, 흰색, 금색, 은색

✻ 구리색 COPPER

쿠퍼색은 높은 전기 전도성과 열 전도성을 가지고 있어서, 전기와 열에 관련된 많은 분야에서 활용되고 있다. 쿠퍼색은 녹슬지 않는 성질을 가지고 있어서, 쿠퍼 제품들은 오랫동안 사용해도 변색이나 부식이 일어나지 않는다.

또한, 쿠퍼색은 화려한 빛을 발하고 있어서, 미술 작품에서도 많이 사용된다. 특히, 조각 작품에서 쿠퍼색을 사용하면, 독특하고 화려한 빛을 발하면서, 작품의 미적 가치를 높일 수 있다.

쿠퍼색은 또한 의료 분야에서도 사용된다. 예를 들어, 쿠퍼색 합금으로 만들어진 인공 심장이나 인공관절 등 의료기기에서 많이 사용된다. 쿠퍼색 합금은 높은 내구성과 안정성을 가지고 있어서, 의료기기의 수명을 연장시켜 준다.

마지막으로, 쿠퍼색은 요리에서도 사용된다. 쿠퍼색의 열전도성이 높아서, 요리하는 동안 빠르게 열이 전달되어 음식의 맛과 향을 높여주는 역할을 한다. 또한, 쿠퍼색은 음식의 색감을 더욱 빛나게 만들어 주어, 요리하는 즐거움을 더해 준다.

이처럼 쿠퍼색은 다양한 분야에서 활용되고 있으며, 그 특유의 빛과 색감은 우리 삶에 화려하고 아름다운 색채를 선사해 준다.

쿠퍼색은 철보다 더 연한 갈색에 붉은색의 반사가 입혀진 색상으로, 일반적으로 말할 때는 화학적으로 반응성이 좋아, 금속이나 부품 제조, 장신구, 조명 등에서 재료로 많이 사용되는 금속의 색상을 뜻한다.

Copper

- **긍정**: 화려함, 지혜, 금속적, 자신감, 진보적, 인내, 영감, 신비함, 고전, 생명력, 미래, 독창성, 전망, 파워풀한, 전통적, 묘미, 고급스러운, 럭셔리, 아름다움, 블링블링한, 창조성, 혁신, 진실, 세계성, 풍성함, 매혹성, 따뜻함, 용기, 독립성, 고귀함, 예술, 자유로움
- **부정**: 지루한, 단순한, 욱하는, 고집불통, 감정기복이 심한, 즉흥적인, 대담함, 방종

1. **성격 · 성향**: 쿠퍼색을 좋아하는 사람들은 도전적이고 당당하며 대담하다.

   개성적이고 창의력이 뛰어나며 자신의 아이디어를 추진하는 데 열정적이다.

   융통성이 있고 개방적이며 인기가 많은 타입이다.

   건강한 체력과 강한 스태미나를 가졌다.

   쾌활하고 뜨거운 열정을 갖추고 있다.

   성품이 따뜻한 사람이며 다정다감하다.

   마음먹으면 즉시 행동하는 추진력이 강하다.

   이야기를 주고받는 것을 좋아하는 타입이며 사교적이라 대외활동을 좋아한다.

   고집스러운 듯 보이나 남의 말을 잘 들어준다.

   감정기복이 있고 싫증을 빨리 낸다.

   한 가지 일이나 반복되는 일에 취약하다.

2. **진로 직업**: 중개인, 부동산업, 운동선수, 무역, 유통, 건설, 전기, 전자, 엔지니어, 기술자, 통역, 금융, 작가, 요리사, 커플매니저, 기계공학

3. **금전**: 쿠퍼는 전 세계적으로 많이 사용되는 금속 중 하나이며, 기계, 건설, 전자 공학 및 기타 산업 분야에서 많이 사용된다. 또한, 장신구 등의 판매 산업에서도 인기가 있다.

   금전상 어려움이 없는 시기이다. 금전의 흐름이 원활하며 돈의 융통도 잘되는 시기이다. 단, 돈이 들어오면 나가는 면도 많은 시기라서 저축은 못 할 수도 있다.

   목돈을 만들 수 있는 상황은 안 된다.

   사업에서는 자금 회전력이 좋고 사업이 활발한 진행이 되며 거래처와 좋은 관계를 맺을 수 있다. 비즈니스에는 가장 바쁜 시기가 된다.

4. **연애**: 쿠퍼는 금속색이기 때문에, 연애에는 소통과 만남 등이 잘 이루어짐을 뜻한다.

   결혼 가능성이 있고 현재 만나는 사람이 있다면 이루어지고 진전된다.

육체 관계에서도 최상의 커플이다.

정신적 육체적으로 최상의 관계를 맺을 수 있는 시기이다.

5. **건강**: 쿠퍼는 신체의 구조와 기능을 지원하기 위한 동량과 함께 응급 상황에서 혈압을 일시적으로 상승시키기 위해 사용될 수 있다. 스태미나 부족, 화상, 디스크 주의.

쿠퍼색은 특히 산업 분야에서 매우 인기 있는 색상 중 하나이지만, 조명 분야에서도 매우 인기가 높다. 따라서 쿠퍼색은 참신하고 독특한, 도전적인 이미지를 보여 주며, 또한 활기찬, 열정적인 분위기를 만들어 낸다.

쿠퍼색과 관련된 미술 작품들

1. 구스타프 클림트(Gustav Klimt): 그의 작품은 특유의 정신적인 아름다움과 과향적 색상 선택으로 유명하다. 그가 선보인 작품 〈호수 저 멀리(The Lake)〉는 쿠퍼색이 잘 조합된 작품으로 어우러진 황금색의 공간적 요소와 함께 그녀만의 매혹적인 감성을 담아낸 작품이다.

2. 로베르 베르네(Robert Bereny): 그는 20세기 초 그의 문화적 가치관적인 전통이 타고난 작품에서 독특하고 풍부한 색상을 표현한다. 그의 작품 〈쿠퍼색 길(Copper Lane)〉은 도심의 외곽지대와 농촌 지역 간의 변환에 대한 존중감과 함께 쿠퍼색을 다양하게 활용한 작품 중 하나이다.

타로카드 속 쿠퍼색의 성향을 내포한 카드

  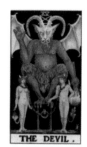

✲ 회색 GRAY

그레이색은 검은색과 백색의 혼합으로 이루어진 색상으로, 무채색 중 하나이다. 그레이색은 어두운 분위기와 차가운 느낌을 주는 색상으로, 대개 심각하고 현실적인 이미지와 연결된다.

그레이색은 인테리어에서 많이 사용되는 색상 중 하나이다. 그 이유는 그레이색이 다른 색상과 잘 어울리기 때문이다. 특히, 그레이색은 다양한 색상과 함께 사용하면 색감의 밸런스를 조절해 주는 역할을 한다. 또한, 회색은 현대적이고 세련된 느낌을 주며, 고급스러운 분위기를 연출할 수 있다.

그레이색에는 다양한 종류가 있다. 밝은 그레이는 차분하고 부드러운 느낌을 주며, 어두운 그레이는 진지하고 신중한 느낌을 준다. 또한, 블루그레이, 그린그레이, 퍼플그레이 등 다양한 톤의 그레이색도 존재한다.

그레이색은 색상의 밝기를 조절하여 다양한 느낌을 연출할 수 있다. 밝은 그레이는 보통 인테리어의 베이스 컬러로 많이 사용되며, 어두운 그레이는 강조색으로 사용하여 분위기를 한층 더 깊게 만들어 준다.

마지막으로, 그레이는 다양한 분야에서 사용되는 색상 중 하나이다. 의류, 가구, 자동차, 건축 등에서 많이 사용되며, 다른 색상과 함께 사용하면 더욱 멋진 효과를 연출할 수 있다.

그레이는 검은색과 하얀색의 중간 색상으로, 중립적이고 차분한 이미지를 가지고 있다. 회색을 물약으로 만들 때는 흑연 분말, 타이타늄 분말 등이 융합되어 사용된다.

Gray

- **긍정**: 중립적인, 전통적인, 차분한, 현실적인, 신중한, 무관심한, 조화로운, 삶의 원칙, 실제적인, 담백한, 절제된 미지, 정신적 안정, 세련된, 신뢰성, 단순함, 수용력, 불변하는 것, 유연성, 실용적인, 우아한, 검소한, 독립성, 클래식, 지적, 트렌디함, 창조적인
- **부정**: 험담, 지루함, 기회주의, 이중성, 숨겨진, 거짓, 비밀, 소극적인, 우울한, 불안한, 차가운, 냉소적인, 비판적인, 음흉함

1. 성향 · 성격: 그레이색을 좋아하는 사람들은 주로 조용하고 차분한 성격의 소유자이다. 매우 중립적이며, 과정보다는 결과에 집중한다.

관대하고 냉철한 판단력을 발휘하여 자신의 의견을 제시한다.

성실하며 균형적이며 자신을 다 드러내지 않는 뛰어난 경영능력을 갖고 있다. 사리판단을 현실적으로 하며 실용주의적이다. 현모양처를 선호하며 지적이고 비즈니스 능력이 좋다.

분석력이 뛰어나며 소극적이고 내성적이다. 매사 조심성이 많다보니 나서는 일은 좋아하지 않는다.

평화주의자이며, 타협을 선호해서 중재자 역할을 잘한다.

자기방어적인 모습이 있고 개인주의적인 성향도 있다. 상대방의 말을 차분히 듣고 이해하려고 노력하지만 관여하고 싶어하지는 않는다.

우유부단하며, 애매모호한 표현을 많이 해서 속을 알 수 없다. 소속감이 결여되어 있어서 혼자 하는 일에 능하다. 비관주의며 이중적인 성향이 강하다.

자신의 진짜 속내를 감추기도 하고 이익에 따라 행동한다.

2. 진로 · 직업: 종교인, 공무원, 상담사, 철학인, 국가정보원, 학자, 교수, 전문가, 비평가, 분석가

3. 금전: 그레이는 대개 일반적으로 중립적인 이미지를 가진다.

금전이 쉽게 돌지 않는 정체 시기이다. 금전의 흐름은 기다려야 한다. 더딘 금전운의 시기이기에 인내하고 견뎌야만 한다. 우리가 숯을 태우고 나면 재가 발생하는데 그 재의 색상이 그레이색이다. 타 버리고 없는 운이라고도 표현된다. 머리가 아프고 속이 답답한 시기이다.

사업은 되는 것도 아니고 안 되는 것도 아닌 형태이다

잘될 것 같아서 밀어 붙이려 해도 좀처럼 일어서긴 역부족이다. 만일 너무 힘든 처지

라면 차라리 한동안 사업이 험난하니 접는 것도 방법이 될 수 있다. 혼자 해결하려 하지 말고 주변의 도움을 받아야 한다. 매사 투명하게 일을 처리해야 더 큰 손해를 피할 수 있다.

4. 연애: 그레이는 일반적으로 비즈니스, 법률, 계약 분야에서 자주 사용된다.

연애 시 부정적 상황일 때 많이 나오며 커뮤니케이션이 안 돼서 답답하고 연애 자체에 지쳐서 포기를 할까 말까 고민하고 있다. 서로 아직 커플이 아닐 경우에는 좀처럼 빨리 진도가 안 나가고 더디게 움직이거나 연인으로 발전되기까지 오래 걸린다. 남자가 원하는 이상형으로 이 카드를 뽑았을 경우에는 현모양처상을 원하는 경우가 많다. 여성이 본인의 성향으로 이 카드를 뽑는 경우에도 현모양처 같은 여성의 성향이 많다.

오래된 연인이나 부부사이일 경우는 마음을 다 내려놓고 수용할 때 나오기도 한다. 결국 상대를 알 수 없고 답답한 상황이라 앞이 미로 속이나 안갯속을 걷고 있는 마음의 상태이다.

5. 건강: 회색은 일반적으로 건강과 직접적으로 연관된 상징적 의미는 없다.

어떤 부위든 검사가 필요할 때이다. 뚜렷한 병명이 밝혀지지는 않았어도 건강상에 문제가 있을 수 있으니 검사를 해 봐도 좋다. 때로는 명확한 병명을 찾을 수는 없고 몸의 전반적인 컨디션이 안 좋을 때 나온다. 초기 암 등 건강 문제로 가슴이 답답할 때 주의.

그레이는 중립적이면서도 균형잡힌 이미지와 함께, 디자인, 비즈니스, 법률 등 비교적 엄숙한 분야에서 많이 사용된다. 또한, 단조로움 없이 조화롭고 조용한 분위기를 자아낸다. 따라서 거의 모든 분야에서 다양하게 사용되는 색상 중 하나이다.

회색과 관련된 미술 작품들

1. 지오르지오 데 키리코(Giorgio de Chirico): 그는 인테리어 디자인과 소품 디자인에 큰 영향을 미쳤으며, 그의 작품들은 매우 독특한 매력을 가지고 있다. 그의 작품 중 〈감성시계(Melancholy of a Street)〉는 회색과 검정색을 고스란히 사용하면서 현실적인 느낌을 전달하는 독특한 작품이다.

2. 조르주 브라크(Georges Braque): 그는 파시즘과 큐비즘 전통에 따라 제작된 그의 작품들은 그레이색 색조를 매우 섬세하게 사용하고 있으며, 그의 대표작품 중 하나인 〈광범위한 계획(The Large Plan)〉에서 메카니컬한 회색선이 매우 잘 구성되어 있다.

타로카드 속 그레이색의 성향을 내포한 카드

139

✻ 검정색 BLACK

블랙은 깊이와 안정성을 상징하는 색깔 중 하나이다. 흰색과 반대되는 색으로, 어둠과 무게감, 엄숙함을 느끼게 한다. 검정색은 모든 색깔을 포함하고 있어서, 다른 색과 함께 조화롭게 어울리기도 한다.

블랙은 매우 다양한 분야에서 사용된다. 예를 들어, 블랙은 비즈니스 세계에서 권위와 안정성을 상징하는 색으로 자주 사용된다. 또한, 블랙은 의복 디자인에서도 매우 인기 있는 색 중 하나이다. 블랙은 모든 사람에게 어울리기 때문에, 캐주얼한 옷에서부터 고급스러운 의상까지 모든 스타일에 어울린다.

블랙은 또한 심리학적으로도 매우 흥미로운 색이다. 블랙은 자신감과 권위를 상징하는 동시에, 인간의 무의식에 남겨진 어둠과 불안감을 연상시킨다. 블랙은 일부 사람들에게는 우울증을 유발할 수 있으나, 다른 사람들에게는 안정감과 집중력을 높여 준다.

블랙은 우리의 일상생활에서도 매우 중요한 역할을 한다. 예를 들어, 블랙은 군복, 경찰복, 고급 리무진, 의료 장비 등에서 사용된다. 또한, 블랙은 우리가 사용하는 다양한 가전제품, 가구, 자동차 등에서도 매우 많이 사용된다.

마지막으로, 블랙은 무궁무진한 가능성을 상징하는 색이다. 블랙은 끝없이 깊고, 무한한 우주의 심연을 상징하며, 우리의 상상력을 자극한다. 따라서, 블랙은 우리에게 무한한 가능성을 떠올리게 하며, 우리의 꿈과 목표를 이루기 위한 열정을 부여해 준다.

블랙은 어두운 색상으로, 가장 어두운 색이며 검은색을 만들기 위해서는 다른 모든 색을 혼합해 주어야 한다.

- **긍정**: 신비한, 전통적인, 엄숙한, 진지한, 위대한, 부지런한, 집중력, 고귀한, 정교한, 침착한, 실제적인, 역사적인, 견고한, 지혜로운, 완전한, 꼼꼼한, 격식 있는, 중요한, 전문성, 고요한, 자기희생, 고급스러운, 현대적인, 주요한, 예의바른, 필수적인
- **부정**: 비밀스러운, 권력적인, 권위적인, 비밀스러움, 부정적인, 절망, 근심, 걱정, 죽음, 쓸쓸함, 두려움, 슬픔, 위험, 공포, 무서운, 미스터리한

1. **성향·성격**: 화려한 것보다는 깊이 있는 것에 관심을 가져 진지하고 신중한 성격을 나타낸다. 남성적인 성향이며 행동력이 강하고 솔직하게 자신의 감정을 드러낸다. 의리파이며 호불호가 명확하고 뒤끝이 없다. 강력한 권위의식이 있다.

   신비하게 보이길 원하며 비밀이 많다. 의지가 강하고 독립심이 강해서 자수성가형 타입이 많다.

   강한 승부욕이 있고 자신감이 넘치며 적극적이다.

   예의가 바르고 조직사회에 능하다.

   지나치게 독선적이며 고집이 세다.

   자신의 주장을 끝까지 관철시키려 한다.

   맺고 끊는 것이 지나치게 강하다 보니 냉정하고 차갑다라는 인상을 준다.

   대인관계 시 트러블이 많고 다툼이 많다.

2. **진로·직업**: 강력한 권력가, 정치인, 법관, 공무원, 경찰, 군인, 정치가, CEO, 유흥업소, 흥신소, 신부, 수녀, 장례산업, 도박장, 경마장, 장의사

3. **금전**: 블랙은 고급스러움과 권위를 상징하는 색상이다. 블랙의 금전운은 나쁘다. 검은 돈, 불법적인 돈, 숨겨야 하는 돈을 뜻한다.

   부동산은 오랜 기간 투자를 해야 하거나 지금 매매가 되지 않아 돈이 묶여 있다.

   큰 부채가 있거나 돈의 융통이 단절되어서 고통을 받는다.

   자금 회전력이 낮아서 답답한 시기이거나 막막한 시기이다.

   다만 유흥업, 사채업 불법적인 부분의 사업에서는 길하다.

4. **연애**: 일반적으로 연애운은 매우 나쁘다. 결별이나 이별 이혼 등 위기상황이다. 잠시 만남을 중단하거나 생각할 시간이 필요하거나 믿음을 상실했을 때 등장한다. 때로는 권태기나 한쪽의 마음이 다해 차단했을 때이다.

커플이 아닐 경우는 속내가 감춰진 사람이나 검은 뒷마음을 조심해야 한다. 장거리로 얼굴을 못 보거나 연락두절이다.

5. **건강**: 건강과 직접적인 검정색의 상징적 의미는 존재하지 않지만, 블랙은 일반적으로 자신을 감추고 싶은 분위기와 연관이 되므로, 정신 건강 측면에서 부정적인 영향을 미칠 수 있다. 암이나 시한부 선고를 받았을 경우 등 주의.

블랙은 일반적으로 매우 진지하고 고품질, 고풍스러움을 상징하며, 때로는 부담스러움과 공포, 미스터리와 관련된 이미지를 가진다. 또한, 자신을 감추고 싶어하는 마음이 담긴 이미지를 나타낼 때도 사용된다. 따라서, 예술 분야와 금융분야에서 고객들의 불안을 상쇄시키는 데 활용된다.

블랙과 관련된 미술 작품들

1. 프란츠 클라인(Franz Kline): 그는 엽서 디자이너로 시작하여 그림, 후에는 대형 회화를 다루는 작가로 자리 잡았다. 그의 작품 중 〈검은색(Black)〉은 영감을 받은 자연의 생명력을 담은 줄기 라인을 블랙으로 표현한 작품이다.

2. 앤드류 와이디(Arthur Weasley Dow): 그는 독창적인 조화와 선과 형태적 구성으로 유명한 미국의 화가다. 그가 선보인 작품 〈검정과 회색의 변화(Variations in Black and Grey)〉에서는 블랙과 그레이로만 작품을 그렸음에도 불구하고 매우 다양한 감정이 담긴 작품이다.

타로카드 속 블랙색의 성향을 내포한 카드

✳ 흰색 WHITE

화이트는 순수하고 깨끗한 이미지를 상징하는 색상 중 하나이다. 우리가 가장 많이 접하는 곳은 바로 설명할 수 있다. 책 페이지, 우유, 탄산음료, 눈, 구름 등이 있다. 이러한 이유로 화이트는 많은 문화에서 청결과 순수함의 상징으로 사용된다.

또한, 화이트는 다른 색상과 조화를 이루는 데도 무척이나 효과적이다. 예를 들어, 흰색 바탕에 다른 색상의 물건을 더하면 그 색상이 더욱 빛나게 된다. 또한, 화이트는 빛을 흡수하지 않기 때문에 다양한 색상과 함께 사용하면 밝고 깨끗한 느낌을 준다.

또한, 화이트는 게임, 영화, 텔레비전 등에서도 많이 사용된다. 예를 들어, 게임에서는 캐릭터가 흰색 옷을 입고 있으면 그 캐릭터가 강하거나 순수하다는 메시지를 전달할 수 있다. 또한, 영화에서는 화이트가 사용되는 배경에 다른 색상의 물체를 배치해 놓으면 그것이 더욱 두드러지게 된다.

마지막으로, 화이트는 많은 문화에서 결혼식에 사용된다. 결혼식에서는 신부가 흰색 웨딩 드레스를 입고, 신랑은 검은색의 슈트를 입는 경우가 많다. 이러한 이유로 화이트는 결혼의 순수성과 깨끗함을 상징하는 색상으로 사용된다.

화이트는 매우 간단하고 깨끗한 이미지를 상징하는 색상이다. 이는 다양한 문화에서 사용되며, 다른 색상과 함께 사용하면 더욱 빛나고 눈부시게 만든다.

화이트는 매우 밝은 색상으로, 빛의 3원색 중 하나이다. 보편적으로 순백, 참맛, 신성성 등과 연관된다.

- **긍정**: 깨끗한, 순수한, 미래성, 조용한, 안정적인, 겸손한, 신뢰성, 밝은, 단순한, 차분한, 고귀한, 우아한, 깔끔한, 균형잡힌, 평화로운, 조화로운, 청결한, 건강한, 자극적이지 않은, 은은한, 친근한, 인내심, 담백한, 유연성, 자유로움, 순응성, 진행성, 뚜렷한, 한결같은
- **부정**: 무감각, 차가움, 엄격함, 고지식한, 결벽증, 무지한, 집착하는, 공허함, 대담한, 지나친 조심성, 아무 생각 없는

1. **성향·성격**: 화이트를 좋아하는 사람들은 대개 깨끗하고 정돈된 것을 좋아한다. 예술적으로 세련되고 섬세하고 정직하다. 또한, 매우 평화롭고 인내심이 강하며 이상적인 이미지를 선호한다.

   공사 구분이 확실하며 완벽주의나 결벽주의가 많다.

   명예와 자존심을 중시하며 나서기보다는 조화로움을 선호한다.

   희생과 봉사정신이 강하다.

   진실하고 정직하고 신뢰를 중요시 여긴다.

   적당한 것과 자신의 뜻에 안 맞는 것에는 타협하지 않는다.

   차갑고 냉정하다는 소리를 듣는다

   자만심이 많고 고독하다.

   자존심이 매우 강해서 주변과 쉽게 친해지거나 본인의 속마음을 열지 못한다.

   천상천하유아독존이란 생각이 있다.

   오염되기 쉽고 남의 말에 쉽게 속아 버리곤 한다.

2. **진로·직업**: 의사, 간호사, 연구원, 웨딩 관련업, 창의적인 직업, 학자, 가정주부, 미용사, 코디네이터, 요리사, 연구직, 방송, 군인, 경찰, 공무원, 교수, 방송인

3. **금전**: 손해는 아니지만 금고가 비어 있거나 잔고가 비어 있다.

   때로는 기존의 것을 버리고 새롭게 노력하면 좋은 기회가 시작될 때 나온다. 버는 수익에 비해 내가 가져가는 수익이 없을 때도 나온다.

4. **연애**: 순수한 만남을 하고 있거나 플라토닉한 교제 중이다.

   때로는 서로에 대해 아는 것이 없을 수 있다.

   새롭게 시작되는 사랑이거나 순수한 사람과 만나고 있다. 커플의 경우는 정해진 미래는 없지만 두 사람이 관계의 노력으로 바뀔 수 있다.

부정적 의미일 때는 의미 없는 관계거나 오래되어서 있으나 마나한 사이이다.

이별, 이혼, 사별, 친구나 지인과 가족과 이별의 시기에도 나온다.

5. 건강: 화이트색은 일반적으로 새롭고 깨끗한 이미지이다. 따라서 청결, 위생, 건강 등 과 관련된 상징적 의미를 지닌다. 폐결핵, 결벽증, 강박증, 우울증, 무기력증 주의.

화이트는 매우 깨끗하면서도 혁신적인 이미지를 지니고 있으며, 깔끔하고 원활한, 깨끗한 분위기를 나타낸다. 따라서, 건강, 의료, 의류, 컴퓨터, 제약회사 등 다양한 분야에서 다양하게 사용된다. 또한, 화이트는 다른 색상과도 잘 어울리기 때문에 다른 색상과 함께 사용될 때도 효과적이다.

화이트색과 관련된 미술 작품들

1. 로바트 라우라센(Robert Rauschenberg): 그는 팝아트와 같은 다양한 예술적 사조들 로부터 영감을 받아 그림을 그린 화가이다. 라우라센의 작품 중 〈흰색 시리즈(White Paintings)〉는 화이트 색조가 독특하게 사용된 작품으로, 빈 공간에서의 정적인 미술 작업을 대표하는 작품이다.

2. 나탈리 하셀(Natalie Hessel): 그녀는 미국의 추상적 인상주의 화가이며 〈얼음(Ice)〉 과 〈팔레트(Palette)〉와 같은 작품에서는 화이트 컬러를 강조하여 어떻게 강렬하고 적극적인 감정을 나타낼 수 있는지를 보여 준다.

타로카드 속 화이트색의 성향을 내포한 카드

✽ 금색 GOLD

골드는 화려하고 고귀한 색상으로, 많은 문화에서 부와 권력의 상징으로 여겨진다. 그리고 그 빛나는 광채로 인해, 어떤 것이든 고급스러워 보이게 만들어 준다.

골드는 빛이 반사되는 모습이 아름다워 다양한 분야에서 사용된다. 예를 들어, 건축 분야에서는 건물의 외관에 금색 색감을 사용하여 건물의 높은 신뢰성과 안정성을 더한다. 또한, 패션 분야에서는 골드는 특별한 날에 착용하는 의상이나 액세서리에 많이 사용되며, 이는 그만한 가치가 있는 것으로 인식된다.

또한, 골드는 미술 작품에서도 많이 활용된다. 특히, 조각 작품에서 골드는 어떤 조각이든 고급스러운 느낌을 주며, 그 작품의 가치를 높여 준다.

하지만, 골드는 단순히 부와 권력의 상징으로만 여겨지는 것이 아니다. 이 색은 정신적으로는 성숙함과 지혜를 나타내며, 사람들은 골드색이 불안과 스트레스를 줄이는 데 도움을 준다고 믿는다.

골드는 이러한 다양한 의미와 활용성으로 인해, 많은 문화에서 중요한 색상으로 여겨지고 있다. 그리고 그 화려한 빛깔은 우리의 눈과 마음을 만족시키는 아름다움을 가지고 있다.

골드색은 황금색으로, 가장 오래된 금속 중 하나인 금의 색깔이다. 부와 지위, 빛, 햇살, 축제 등과 연관된 상징적 의미를 가지고 있다.

Gold

- **긍정**: 부자의 상징, 고급스러운, 귀중한, 럭셔리한, 역사적인, 빛나는, 화려한, 부드러운, 포근한, 공상적인, 수려한, 귀한, 규모가 큰, 품격 있는, 우아한, 진보적인, 농후한, 미래지향적인, 유머감각, 열정적인, 조화로운, 매력적인, 멋진, 독특한, 성숙한, 화려한, 정교한, 적극적인, 부, 명성
- **부정**: 극적인, 지나친 우월감, 황금만능주의, 이기적인, 계산적인, 자만심, 권위적인, 오만함, 사치, 거만함

151

1. **성향·성격**: 골드색을 좋아하는 사람들은 대개 성숙하고 의식적인 행동을 취하는 경향이 있다. 일반적으로 자신감도 있으며, 당당하다.

   주변에서 많은 사람들에게 인기가 있고 다소 이기적이고 자기중심적이다.

   순수함을 지니고 있고 똑똑하고 영리하다.

   규칙과 규범을 중시한다.

   적극적이며 행복하고 긍정적인 에너지가 넘친다.

   자기 자랑이 많고, 자만심이 있다.

   우월과 특권의식으로 오만할 수 있다.

   남을 잘 믿지 않으며 지나친 승부욕이 있다.

   남에게 존경받고 칭찬받는 것을 좋아한다.

2. **진로·직업**: 금융업, 엘리트, 금융가, 연예인, 지도자, 재무 컨설팅, 부동산, 리더, CEO, 건강 관련업, 보석전문가, 부유한 사람

3. **금전**: 골드색은 제품의 권위, 고급스러움, 파워 등을 상징하는 데 사용된다. 예를 들어, 고급 의상, 명품 호텔, 금융회사 등에서 상징적으로 사용된다. 자수성가를 하거나 물질적 성공을 이루었을 때 나오며 대체적으로 금전운은 매우 좋다. 그러나 낭비를 하거나 비현실적 기대감으로 무리한 투자를 할 때도 등장한다.

4. **연애**: 골드색은 이기적이고 계산적인 손해를 보지 않으려 할 때도 나오고 애인보다 돈 번다고 연애에 관심이 없을 수 있다.

   골드미스를 뜻하거나 안정적인 삶인데 연애에 깊이 빠지지 않고 만나고 있을 때도 나온다. 명예나 부귀, 성공을 좋아하기 때문이다.

   이유 없는 도움은 받지 않으며 연인이나 배우자에게 인색하지 않지만 돈을 쓰고 나면 생색을 내고 싶어 한다.

5. **건강**: 골드색은 건강과 직접적으로 연관된 상징적 의미는 없다. 그러나 고대부터 골드색은 프리미엄, 고귀함, 부유함 등과 연결됐기 때문에 부유함을 강조하려는 건강 관련 광고에서 종종 사용된다.

아주 건강한 상태이다. 아픈 곳이 있다면 점점 회복된다. (심장, 폐 주의)

골드색은 매우 고풍스럽고 고급스럽다. 신뢰성, 성숙함 등의 이미지를 상징한다. 빛을 발하는 주체, 부유함, 고귀함, 권위 등을 담고 있으며, 반짝반짝하는 것들과 부의 상징이다.

골드색과 관련된 미술 작품들

1. 앤디 워홀(Andy Warhol): 그는 팝아트 아티스트로 유명한 화가이다. 그의 작품 중 〈골드 마릴린(Gold Marilyn)〉은 마릴린 먼로의 화상에서 팝아트적 감성과 골드색을 이용하여 강렬하면서도 우아한 느낌을 준다.

2. 김환기(Kim Whan-Ki): 그는 한국의 추상미술 계몽적 도구를 혼합하여 자연의 요소로써 골드색을 작업에 추가하여 조화로운 반영을 구현한다. 그의 작품 중 〈골드 신기(Gold Mythical Spirit)〉는 고풍스러운 느낌을 조화로운 관계로 연출한 작품이다.

타로카드의 골드색의 성향을 내포한 카드

✳ 은색 SILVER

실버색은 은색으로, 차가운 빛깔을 지니며 유럽에서는 보편적으로 훌륭한 품질의 상징으로 사용된다.

실버는 매우 세련되고 우아한 색상으로, 다양한 분야에서 많이 사용된다. 특히, 빛나는 효과로 인해 보석, 시계, 은탑 등 고급스러운 제품들에서 많이 사용된다.

또한, 실버는 차분하고 신뢰감을 주는 색상으로, 비즈니스 분야에서는 로고나 광고에 자주 사용된다. 또한, 은색은 깨끗하고 청렴한 이미지를 불러일으키기 때문에 의료 분야에서는 의료기기나 병원의 로고에 자주 사용된다.

은색은 다른 색상과 매우 잘 어울리기 때문에 인테리어 분야에서도 많이 사용된다. 은색 가구나 소품을 사용하면 고급스러운 분위기를 연출할 수 있다.

하지만, 실버를 너무 많이 사용하면 지나치게 차가워 보일 수 있으므로 다른 따뜻한 색상과 함께 사용하는 것이 좋다. 또한, 실버는 빛이나 환경 변화에 따라 다른 색상처럼 보일 수 있으므로 사용하기 전에 주변 환경을 고려해야 한다.

Silver

주요 키워드

- **긍정**: 우아한, 고급스러운, 여성, 미래지향적인, 모성애, 새로운, 자신감, 높은 기준, 매력적인, 이지적인, 부드러운, 세련된, 고상한, 가정적인, 차분한, 무의식, 깨끗한, 꼼꼼한, 성숙한, 전통, 신뢰성, 체계적인, 성공적인, 안정감, 산부인과, 지적인, 독립적인, 정교한, 최첨단 기술
- **부정**: 예민한, 고요한, 근엄한, 보수적인, 날카로운, 이중적인, 냉정한, 비열한, 개인주의, 차가움

1. **성향·성격**: 실버색을 좋아하는 사람들은 대개 차분하고 지적인 경향이 있다. 세련되고 세련된 것에 높은 기준을 가지며, 자신에 대한 자신감도 있다. 대표적인 2인자 카드. 완벽주의자들이며 깔끔하다. 여성적이며 눈물이 많다.

경제적 안정과 가정을 우선순위에 둔다.

자질구레한 거 못 버리고 쌓아두며 혼자 있기를 선호한다. 까도녀, 차도녀 느낌이며 모성애, 자상한 사람이다.

분석적이며 보수적이고 차갑다.

겉은 차가워 보이지만 속은 따뜻한 점이 많다. 가족이나 연인을 잘 챙긴다.

예민하고 날카로우며 잔소리나 지적질이 많다.

집요하고 집착이 있다.

자존심이 강해 쉽게 상처를 받으며 우울감이 있다.

감정기복 심하고 스트레스받으면 고집이 세진다.

2. **진로·직업**: 실버색은 일반적으로 차가운 이미지를 상상시킨다.

자동차, 우주공학, 최첨단 산업, 반도체, IT, 실버산업, 요양보호사, 사회복지사, 회계사, 은행, 연구직, 산부인과, 점성학, 철학, 상담심리, 교육, 보육교사, 간호사

3. **금전**: 실버색은 정체되어 있고 불안정한 특성이 있어서 금전에서는 막혀 있거나 어려울 때 나온다.

때로는 생활할 정도의 돈은 있지만 금전 상황은 그럭저럭 괜찮은 정도이다. 많지도 적지도 않은 상태이다. 하지만 본인은 욕심이 많아서 하고 싶은 게 있거나 금전이 좀 부족하다고 생각할 수 있다.

사업운은 나쁘지 않고 진행은 잘되나 본인은 만족 못 한다. 예전부터 생각해 왔던 사업이나 현재 관심이 생기는 사업이 생길 수 있다. 숨겨진 돈이나 비상금을 뜻하기도 한다.

4. **연애**: 헤어진 연인을 못잊고 그리워하거나 지난 사랑에 집착을 하는 경우. 연인끼리 감정이 식어서 냉랭해졌거나 다투어서 마음이 상한 경우에도 나온다. (냉각기) 한쪽에서 이별에 대해 고민할 경우에 등장한다. 감정적 소통이 부족하고 자주 못 만나거나 그리워할 때 등장한다. 결혼 적령기 나이일 경우도 나온다.

5. **건강**: 실버색은 노인성 질환 부인과 질환을 주의.

실버색은 차분하고 세련된 이미지를 상징하며, 고급스러움과 모던한 느낌을 함께 물고 있다. 따라서 혁신적인 분야에서 많이 사용되며, 차가운 분위기와도 잘 어울린다. 빛을 많이 반사하기 때문에 밝은 느낌을 주는 색상이다.

실버색과 관련된 미술 작품들

1. 조안 미로(Joan Miró): 그녀는 20세기 초반에 살았던 스페인 출신의 화가로, 그녀의 작품 중 〈스케치북(The Sketchbook)〉은 실버색이 강조된 작품이며, 모던 아트의 상징적인 좌표를 선보인 작품 중 하나이다.

2. 아그네스 마산(Agnes Martin): 그녀는 추상화 미술, 이중적 미술, 미니멀리즘, 조각 등에 대한 화가였다. 그녀의 대표작 중 〈실버 또는(Silver or)〉은 몽환적인 실버색 스타일로 빛을 발하며 어둠 속에서도 보는 것처럼 빛나는 작품이다.

타로카드 속 실버색의 성향을 내포한 카드

4) 무지개색, 다채색, 투명색, 불투명한 색, 반복, 이중성

✱ 무지개색 RAINBOW

무지개는 자연의 아름다움 중 하나로, 일곱 가지 색상으로 이루어져 있다. 붉은색, 주황색, 노란색, 초록색, 파란색, 남색, 보라색으로 이루어져 있으며, 각각의 색상은 서로 다른 빛 파장을 가지고 있다.

무지개는 자연에서만 볼 수 있는 아름다운 광경 중 하나이다. 비가 내리면 태양 빛이 빗방울을 통과하여 무지개가 생기게 된다. 무지개는 일정한 순서로 색상이 배열되어 있으며, 이를 '무지개 스펙트럼'이라고 부른다.

무지개는 우리에게 많은 의미를 전달한다. 빨간색은 열정과 사랑을 상징하며, 주황색은 에너지와 열정을, 노란색은 희망과 기쁨을, 초록색은 자연과 조화를, 파란색은 평화와 신뢰를, 남색은 지혜와 깊이를, 보라색은 창조성과 영감을 상징한다.

무지개는 우리의 일상에서도 자주 볼 수 있다. 예를 들어, 컬러풀한 옷차림, 무지개색으로 칠해진 건물, 무지개색으로 칠해진 자동차 등 모든 것들이 무지개의 아름다움을 표현하고 있다.

무지개는 우리에게 희망과 기쁨을 전달한다. 특히 어두운 날씨에 무지개가 보인다면, 그것은 우리에게 희망의 메시지를 전달하고 있다. 무지개는 어둠과 괴로움을 떨쳐 버리고, 우리에게 새로운 시작을 알리는 빛이다.

따라서, 무지개는 자연의 아름다움과 함께 우리에게 많은 의미를 전달한다. 우리는 무지개의 아름다움을 느끼며, 그것이 우리에게 전하는 메시지를 받아들이며, 희망과 기쁨으로 가득한 삶을 살아가길 바란다.

레인보우색은 무지개색으로, 여러 가지 색상이 함께 어우러져 조화롭게 빛나는 색이다. 다양한 색상이 하나로 어우러진 모습은 화합, 다양성, 조화 등의 의미를 지니고 있다.

Rainbow

- **긍정**: 다양성, 활기차다, 희망, 즐거움, 창조성, 활력, 유머, 유쾌함, 자유로움, 독창성, 혁신적, 열정적인 풍부함, 초현실적, 예술적인, 선명한, 순수한, 독립적인, 미래지향적인, 환상적인, 강인한, 유연한, 놀라운, 창의적인, 생동감 있는, 기쁨, 밝은 에너지, 생기발랄한, 화려함, 다채로운, 매력적인
- **부정**: 차별화된 행동, 초현실적, 비평적, 괴이한, 비현실적인, 대중적이지 않은, 독특한, 특이한, 튀는, 독단적인

1. **성향·성격**: 레인보우색을 좋아하는 사람들은 대체로 개성적이고 다양한 성향을 지니고 있다.

   스트레스를 잘 감당하는 성격을 지니고 있다.

   창의성과 아이디어가 풍부하고 모범생이다.

   사회적응력이 좋고 포용력과 배려심이 많다.

   중용을 택하여 모나지 않고 다정다감하다.

   융통성이 있고 예술적인 사람이다.

   다소 소심하고 이것저것 벌리나 추진력은 약하다.

   생각이 복잡하고 집중력이 약하다.

2. **진로·직업**: 레인보우색은 일반적으로 창의력, 개성, 다양성 등의 의미를 지니고 있어 다양한 분야에서 사용된다. 가수, 예술, 아티스트, 헤어디자이너, 패션, 모델, 광고, 영화, 음악, 연기자, 조명, 작가, 유튜버, 기획, 쇼핑호스트

3. **금전**: 레인보우색은 혁신, 다양성, 창의성 등을 상징하는 데 사용된다. 금전운은 좋다. 현재보다 조금씩 더 좋아짐을 뜻한다. 투자한 돈이나 차용해 준 돈이 있다면 받을 수 있다. 여러 곳에서 입금이 들어오기도 한다.

   사업이 과거에는 힘들었다면 곧 해결되고 앞으로는 잘 진행되고 안정되어 좋다.

4. **연애**: 인기가 많아서 주변에 이성이 많이 생긴다. 결혼, 임신운이 좋으며 매력적이며 인기 있는 이성들이 주변에 소개도 들어온다.

   교제 중인 커플은 즐겁고 좋은 만남이다. 만나면 만날수록 더욱 사이가 좋아진다.

   싸우고 다툰 상태라면 문제가 해결되고 나빴던 관계는 회복된다. 이별 후 재결합이 가능하다. 신의 은총을 뜻하기도 한다.

5. **건강**: 레인보우색은 건강의 회복이나 건강이 좋은 편이다. 때로는 여러가지 잔병이 있을 수 있으니 주의.

레인보우색은 다양성과 화합, 조화를 상징하는 색상이다. 여러 개의 색상을 함께 사용하기 때문에 화려하며, 다양한 뉘앙스를 지닌 색상이다. 이 색상을 주로 사용하는 제품이나 분야는 개성, 창의성, 독창성에 중점을 두는 경우가 많다.

무지개색과 관련된 미술 작품들

1. 로이 리히텐슈타인(Roy Lichtenstein): 그는 팝아트 계열의 화가로, 스타일리쉬한 글꼴 혹은 타이포그래피를 활용한 작품으로 독특한 작품 색감을 보여주었다. 그의 대표작 중 하나인 〈예쁜 소녀〉는 일반적인 캔버스 대신 벽에 사용된다.

2. 폴 키(Saul Steinberg): 그는 일러스트레이터, 만화가, 캐리커처 작가로 활동했다. 그의 작품 중 〈사랑(Love)〉은 다채로운 무지개색이 조화롭게 사용된 작품이다.

타로카드 속 레인보우색의 성향을 내포한 카드

✳ 다채색 VARIETY

색은 우리 주변에서 매우 중요한 역할을 한다. 우리가 보는 모든 것은 색으로 표현되며, 색은 우리의 감정이나 기분에도 영향을 미친다. 다양한 색들은 각각의 의미와 특징을 가지고 있으며, 이를 이용하여 우리는 다양한 분야에서 활용할 수 있다.

먼저, 빨간색은 열정과 에너지를 상징한다. 빨간색은 우리의 심장 박동을 촉진시키고 혈압을 높인다. 이러한 특징 때문에 빨간색은 우리가 느끼는 활기와 열정을 나타내는 데 매우 적합하다. 빨간색은 또한 사랑과 로맨스를 상징하기도 한다.

노란색은 태양과 같은 따뜻한 감성을 상징한다. 노란색은 우리를 밝고 활기차게 만들어 주며, 우리의 창의력과 집중력을 촉진시킨다. 노란색은 또한 희망과 긍정적인 에너지를 상징하기도 한다.

초록색은 자연과 생명력을 상징한다. 초록색은 우리를 안정감과 평화로운 상태로 만들어 주며, 우리의 집중력을 향상시켜 준다. 초록색은 또한 치유와 회복의 상징이기도 하다.

파란색은 신뢰와 차분함을 상징한다. 파란색은 우리를 집중하게 만들어 주며, 우리의 뇌를 진정시켜 준다. 파란색은 또한 신뢰와 안정감을 상징하며, 우리에게 평온함을 느끼게 해 준다.

마지막으로, 보라색은 우리의 상상력과 창의력을 자극한다. 보라색은 우리를 비전과 비전을 실현하는 방향으로 인도해 주며, 우리의 창의력과 집중력을 향상시켜 준다. 보라색은 또한 신비로움과 독창성을 상징하기도 한다.

다채색은 우리의 삶에 큰 영향을 미치며, 우리가 원하는 감정이나 분위기를 만들어 주는 데 매우 중요한 역할을 한다. 따라서 우리는 적절히 색을 활용하여 우리의 삶을 더욱 풍요롭게 만들어 나가야 한다.

다채색은 자연적인 느낌을 지니고 있는 다양한 색상이다. 부드러우며 매우 우아하고 거슬리지 않는 느낌을 제공한다.

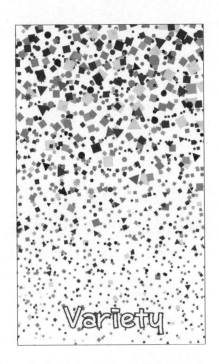

- **긍정**: 다양성, 화려함, 창의성, 유연성, 유머, 즐거움, 진전, 미적인, 예술적인, 건강한, 재미있는, 활기찬, 이색적인, 강한 기분, 좋은, 기쁨, 눈부신, 사랑스러운, 부활의 기운, 무한한, 가능성, 성숙한, 매력 있는, 화합, 자유로움, 아름다움, 생동적인
- **부정**: 복잡한, 괴상한, 대담함, 변덕스러움, 불안정함, 일관성 없는, 집중력이 없는, 유아틱한, 유치한, 무계획적인, 산만한, 끈기 없는

1. **성격**: 다채색을 좋아하는 사람들은 대체로 재밌고 유머러스하며, 다른 사람들과의 조화를 추구한다. 다재다능하며 매사에 호기심이 많다.

   도전정신과 모험심이 강하다.

   재미있고 유머러스하며 매력적이라서 인기가 많다.

   단점은 끈기가 부족하고 일을 벌여놓고 마무리를 못 한다. 산만하고 집중력이 떨어진다.

2. **진로·직업**: 다채색은 탄력, 집중, 창조적인 실행력, 계획의 완성 등의 의미와 연관된다. 연예인, 디자인, 예체능, 운동선수, 사진작가, 기획, 다문화 가족상담, 광고, 기획, 엔터테인먼트, 방송인, 예술가, 영화, 발명, 과학

3. **금전**: 다채색은 고급스러움, 세련됨, 화려함 등을 상징하는 데 사용된다.

   금전을 모으지 못하고 낭비하거나 금전운은 좋지 않다. 쓸데없는 지출이 많고 여러 군데 돈이 나간다. 사방팔방 흩어지는 돈이며 빚을 여러 군데 갚아야 하는 상황이다.

4. **연애**: 인기가 많아서 주변에 이성이 많다. 한 사람에게 만족을 못한다. 싫증을 빨리 느끼거나 쉽게 마음이 식는다.

   인기를 위해서 어장관리를 한다. 많은 사람과 한 번에 교제를 진행한다. 바람기가 많아서 양다리를 걸친다.

   다양한 연애 경험이 있다.

5. **건강**: 집중력 장애, ADHD, 바이러스 질환, 건망증, 감기, 피부질환(알레르기, 두드러기), 잔병 주의.

다채색은 자연적이고 우아한 느낌을 제공하는 색상으로, 휴식 및 휴양의 이미지와 관련

이 있다. 여러 색상들 중 연한 보라색 색조로, 고급스럽고 세련된 이미지를 나타내며, 집합적으로는 조화롭고 독창적인 분위기를 제공한다.

다채색과 관련된 미술 작품들

1. 맥스(Max Ernst): 맥스 에른스트는 독일 생산성 운동의 일원으로, 그의 작품 중 〈장난감 세계(The Toy World)〉는 깊이 있는 다양한 색상을 사용하여 놀랍고 환상적인 작품이다.

2. 빈센트 반 고흐(Vincent van Gogh): 그의 작품 중 〈스타의 밤(Starry Night)〉은 노란색과 파란색을 사용하여 작품의 분위기를 더욱 강조한 위대한 작품이다.

3. 존 시스(Jonathan Sis): 그의 작품 중 〈넥타이(The Necktie)〉는 떨어지는 물방울을 담은 유리 구슬들을 사용하여 아름다운 구성을 구현한 현대적인 작품이다.

4. 마르크 샤갈(Marc Chagall): 그의 작품 중 〈안개 속의 마을(Village in the Mist)〉은 다양한 연한 색조를 사용하여 작품이 빛나게 만들며, 그의 평생을 걸쳐 다양한 색상을 활용한 작품을 만들어 냈다.

타로카드의 버라이어티색의 성향을 내포한 카드

✳ 투명한 색 TRANSPARENT

투명한 색은 색상의 투명도가 높아서 물체나 표면의 배경이나 색상을 희미하게 나타내며, 빛이 통과하는 모습이다. 대표적인 투명한 색상으로는 물색, 유리색, 다이아몬드색 등이 있다.

물색은 물의 순수한 색상으로 물의 투명도가 높아서 투명한 느낌을 준다. 물은 천연적으로 투명한 물체이기 때문에 이 색상은 자연의 아름다움을 담고 있다. 물색은 심해를 표현할 때나, 물고기를 그릴 때 많이 사용된다.

유리색은 유리의 투명한 느낌을 담고 있다. 유리는 투명도가 높아서 물체나 배경이 반영되는 모습이 아름답다. 유리색은 유리 조각 작품을 만들 때 사용되기도 하고, 유리병 등의 제품에서도 많이 사용된다.

다이아몬드색은 다이아몬드의 깨끗하고 투명한 느낌을 담고 있다. 다이아몬드는 빛을 잘 반사하기 때문에 광택이 뛰어나고, 투명도가 높은 물체 중 하나이다. 다이아몬드색은 보석류를 그릴 때나, 고급스러운 느낌을 표현할 때 많이 사용된다.

투명한 색은 물체의 투명도와 반사율을 표현하는 데에 매우 유용하다. 이 색상은 자연에서부터 인공물까지 많은 곳에서 사용되고 있으며, 아름다움과 고급스러움을 함께 담고 있다.

투명한 색은 안개와 같이 불투명하지 않은 느낌으로, 어떤 색상도 가지지 않고 투명화된 물 혹은 다이아몬드의 빛을 나타낸다.

- **긍정**: 무난함, 명명백백, 깨끗함, 투명함, 솔직함, 간결함, 그윽한, 청취력, 빛, 평온한, 산뜻함, 시원한, 신선함, 믿음, 고요함, 단정함, 깨끗한 인상, 규율적, 성실함, 수용력 높음, 참을성, 자연스러움, 시작하는, 건전한, 차분함, 발전함
- **부정**: 단순함, 노출, 무사태평한, 게으른, 체념하는, 의심이 많은, 감시, 비열함, 무계획성

1. 성향·성격: 투명한 색을 좋아하는 사람들은 대체로 솔직하고 순수하며, 일관성을 중요시한다. 그들은 다른 사람들과의 상호 작용에서도 솔직한 접근법을 취하며, 그들의 감정을 자유롭게 표출한다. 좋고 싫음이 분명하고 감정을 숨기지 못한다.

시원시원하고 융통성이 없다.

지나치게 솔직하고 단순하며 귀가 얇다.

다소 재미가 없고 임기응변에 약하다.

자기 주장이 약하고 우유부단하다.

아무 생각이 없고 때론 쉽게 휘둘린다.

2. 진로·직업: 투명한 색은 보편성, 일관성, 순수성을 상징한다. 세무사, 종교인, 조명, 화가, 작가, 회계사, 사진사, 공항검색, X-ray기사

3. 금전: 투명한 색은 금전 거래가 명확하고 거짓이 없고 투명한 상태이다. 결국 나에게는 큰 이익이 없다.

4. 연애: 순수하고 철없는 감정의 연애상태. 조건없이 상대를 바라보고 이해하고 사랑하는 상태.

모든 것을 상대에게 다 보여 주거나 상대방이 모든 것을 다 알고 싶어 하고 공유받고 싶어 하는 상태이다.

공개연애나 결혼을 전제로 모든 사람들에게 오픈하고 만나는 경우 비밀이 없고 모든 것을 함께 나누는 관계.

짝사랑을 하거나 혼자 상상연애를 하는 경우이다.

5. 건강: 투명한 색은 질병이 없는 순수한 상태를 나타낼 수 있으며, 신선한 과일과 채소, 깨끗한 물과 같은 건강한 삶을 뜻한다. 결벽증이나 건강 염려증, 얼굴, 머리 부분

을 조심해야 한다.

투명한 색은 깨끗하고 순수하며 일관성이 중요한 이미지를 제공한다. 이 색상은 다른 색상과 결합하여 다양한 무드와 효과를 만들어 내기 위해 흔하게 사용된다. 주로 건축, 인테리어, 조명 등에서 많이 사용된다. 이 색은 이해하기 쉽고 순수한 이미지를 전달하기 때문에, 아이덴티티, 로고, 브랜딩 등에 적합하다.

투명한 색과 관련된 미술 작품들

1. 다 빈치(Leonardo da Vinci): 그의 작품 중 〈황금 비율(Divina Proportione)〉에서는 투명한 격자가 그려져 도형들이 어떻게 배치되는지 이해할 수 있도록 하였다. 이 작품은 미술과 수학의 결합으로 인정받고 있으며, 작품 내에서 투명한 색조를 중요하게 다루었다.

2. 짐 렘므드(Jim Dine): 그는 미국 출신의 팝아트 작가이며, 그의 작품 중 〈하트(Heart)〉는 모노크롬의 투명한 색조로 구성되어 있다. 이 작품은 짐 렘므드의 대표적인 작품 중 하나로 인기가 많다.

타로카드 속 트렌스페런트색의 성향을 내포한 카드

✳ 불투명한 색 OPAQUE

불투명한 색은 빛이 통과하지 않는 색으로, 밀도가 높아서 빛을 흡수하는 능력이 강한 색상이다. 주로 검정색, 갈색, 파란색 등이 불투명한 색으로 분류된다.

검정색은 아무것도 없는 공간처럼 보이고, 무거움과 안정감을 상징한다. 또한, 절제와 권위를 나타내는 색으로도 알려져 있다.

갈색은 자연과 연결된 색으로, 대지의 힘이나 안정감을 상징한다. 또한, 현실적이고 실용적인 이미지를 전달하는 데 많이 사용된다.

파란색은 희망, 평화, 안정감 등을 상징하는 색으로, 불투명한 파란색은 특히 안정적인 이미지를 전달한다. 또한, 깊이와 진실성을 나타내는 색으로도 사용된다.

불투명한 색은 힘과 안정감을 상징하는 색으로 많이 사용된다. 또한, 현실과 연결된 이미지를 전달하는데 효과적이기 때문에 다양한 분야에서 사용되고 있다.

불투명한 색은 불투명하고 어두운 느낌을 주며, 빛을 반사하지 않는다. 이러한 특징 때문에 무거운, 짙은 느낌을 만들어 내며, 불안정하고 힘든 상황을 표현하기에 적합하다.

1. **성향·성격**: 불투명한 색을 좋아하는 사람들은 대체로 안정적이고 조용한 성격을 가지며, 대부분 조용한 분위기에서 일하는 것을 선호한다. 그들은 사람들과 거리를 두는 경향이 있으며 그들의 내면을 표현하는 것을 어려워한다.

   우유부단해서 쉽게 결정을 내리지 못한다.

   생각이 너무 많고 타인에 영향을 많이 받는다.

   한번에 여러 가지 일을 벌이거나 손을 대서 마무리를 못 짓는 경우가 생긴다.

   후회와 갈등 집착이 많다.

2. **직업**: 불투명한 색은 고요함, 안정감 그리고 안정성을 나타내는 데 사용된다.

   건설, 토목, 석유, 운전배달, 계약직, 일용직, 임시직, 행사 관련업, 이동식 영업, 정신적으로 너무 힘든 직장, 인간관계가 힘들 때 등장한다.

3. **금전**: 불투명한 색은 매우 짙은, 무거운 분위기를 제공하기 때문에 금전운은 좋지 않다. 수입이 일정하지 않거나 수입이 끊어지기도 해서 불안정한 상태이다. 혹은 기다리는 금전이 안 들어오거나 계약이 취소되는 등 하는 일이 어긋나서 막히기도 한다.

4. **연애**: 연인일 경우 싸움이 자주 일어나거나 의견이 안맞는 경우 혹은 헤어짐과 재회를 반복할 때이다. 마음이 식었지만 의무감으로 만나고 있기도 하다. 때로는 오래되어서 설레는 남녀 사이가 아닌 동성 친구 같은 마음일 때도 등장한다.

5. **건강**: 불투명한 색은 무거움, 짙은 느낌, 안정감, 안정성 등을 상징하는 색상이다. 대개 좋지 않은 이미지와 연관되므로 건강 분야에서는 사용하지 않는다.

   몸의 불균형, 우울증, 불면증, 정신적 질병, 바이러스, 염증, 집중력 부족, 신경과민, 스트레스 등 밝혀지지 않은 희귀병이나 원인을 알 수 없는 질환 주의.

불투명한 색과 관련된 미술 작품들

1. 파블로 피카소(Pablo Picasso): 그의 작품 중 〈게르니카(Guernica)〉는 모노크롬의 불투명한 색조와 상징적인 요소를 이용하여 20세기의 역사를 표현한 작품 중 하나이다.

2. 마크 로스코(Mark Rothko): 그는 미국 추상화 화가로 그의 작품 중 〈결혼(호두나무 쇠사슬)〉은 불투명한 색조로 구성되어 있으며, 작품으로부터 우울하고 짙은 느낌을 느낄 수 있다.

타로카드 속 오페이크 색의 성향을 내포한 카드

✳ 반복 REPEAT

반복된 패턴은 우리 주변에서 많이 볼 수 있는 것 중 하나이다. 패턴은 반복되는 디자인, 색상, 이미지 등으로 이루어져 있으며, 우리가 볼 때 눈에 잘 띄기 때문에 기억에도 남기 쉽다.

반복된 패턴은 우리의 뇌에 안정감을 주는 경향이 있다. 우리는 반복된 패턴을 보면 예측 가능한 느낌을 받아서 불안감을 줄여 준다는 것이 연구에서 밝혀졌다. 또한, 패턴은 우리로 하여금 특정한 감정을 떠올리게 하는데, 예를 들어 꽃이나 나무의 패턴은 자연과 연결되어 평화와 안정감을 떠올리게 한다.

또한, 패턴은 다양한 분야에서 활용된다. 패션 디자인에서는 옷감이나 소재에 반복된 패턴을 적용하여 특별한 효과를 내고, 인테리어 디자인에서는 벽지나 바닥재에 패턴을 적용하여 공간의 분위기를 변화시키기도 한다.

반복된 패턴은 우리의 뇌에 안정감을 주고, 다양한 분야에서 활용된다. 따라서, 우리는 패턴을 인식하고, 활용하는 능력을 갖추어 더욱 예술적이고 창의적인 세상을 만들어 나갈 수 있을 것이다.

규칙적이고 반복적인 선은 직선, 점선, 파선 등으로 이루어진 패턴이나 도형을 말한다. 이러한 패턴은 질서 있고 조화롭게 보이며, 안정적인 느낌을 주는 특징이 있다.

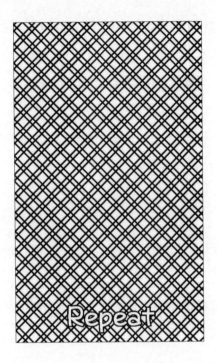

- **긍정**: 일관성, 규칙성, 순환 운동, 리듬감, 조화, 연속성, 변화, 연결, 반복, 균형, 규칙, 기준, 순서, 패턴, 조절, 선명한, 주의집중, 통합, 필수성, 인정, 편안함, 관심사, 자연스러움, 선명한, 윤곽, 조화롭게, 강조된, 체계성, 강력한, 계획, 신뢰, 친숙함
- **부정**: 조작, 융통성 부족, 위계질서, 단조로움, 사무적인, 완벽주의, 신경과민, 억압된, 조직적인, 권력적인

1. **성향·성격**: 규칙적인 패턴을 좋아하는 사람들은 대체로 조용하고 집중력이 뛰어나며, 일관성과 질서를 중요시한다. 그들은 대개 보수적이며, 예의 바른 태도, 정직하고 신뢰성 있는 태도를 취한다. 책임감이 강하고 냉철하며 이성적이며 주변과 잘 어울린다.

기획력과 정보력이 뛰어나며 새로운 것에 받아들이고 배움을 좋아한다.

머리가 좋은 편이며 아는 것이 많다.

인맥이 좋고 모범생이 많다.

2. **진로·직업**: 규칙적이고 반복적인 디자인은 조직, 기업 등에서 능률성 및 규칙성을 나타낸다.

공무원, 사무직, 네트워크 마케팅, IT분야, 인터넷, 전화전기통신, 중계인, 유통업, 가족사업

3. **금전**: 규칙적인 함수와 반복적인 패턴은 금전운에서 들어오는 일정한 수입의 유지를 나타낸다. 금전운은 좋은 편이다. 가족과 이어지는 경우가 많아서 유산을 받는 경우도 있다. 돈에 대해 절제력이 있어서 낭비하지 않는다. 금전운이 좋은 상대를 만날 수 있다. 배우자가 금전을 많이 벌어오기도 한다.

자신의 금전은 잘 지킨다.

4. **연애**: 오랜 시간 만나 온 연인이거나 부부관계에서 많이 나온다. 또는 학교, 직장, 동호회, 동창회 등에서 고정적으로 만나는 관계일 때도 나온다.

운명적인 만남이나 쉽게 헤어지지 못하는 질긴 인연이다. MJ세대일 경우 sns상에서 만나는 인연이나 카톡이나 메신저로 연락을 자주하는 경우도 있다. 오래된 연인이나 부부는 경우는 너무 뻔한 데이트나 생활로 무미건조할 때도 나온다.

5. 건강: 규칙적인 패턴이 뜻하는 건강은 만성질환이나 가족력이 있는 질병 혹은 그 지역 안에 환경이나 외부물질로 인한 풍토병 혹은 환경적 발생 질병, 돌림병 등을 주의.

규칙적이고 반복적인 선은 안정성과 질서감을 상징하는 색상으로, 건강, 진로, 성격, 금전 등 다양한 상황에서 사용된다. 이 색은 대체로 직관적이고 보수적이며, 일관성, 안정감 그리고 정직성을 중요시한다. 따라서 이 색은 안정성이 필요한 분야에서 주로 사용되며, 주로 디자인에서 패턴 및 구조의 기본 구성요소로 사용된다.

패턴과 조화롭게 사용될 수 있다.

반복된 패턴과 관련된 미술 작품들

1. 팽소(Raymond Loewy): 그는 미국의 디자인 고스트로, 20세기 초반에 그의 작품 중 〈로고 디자인(Logo Design)〉에서는 반복된 패턴을 중요하게 다루어 최소한의 요소로도 인상적인 디자인을 만들었다.

2. 프랭크 스텔라(Frank Stella): 그는 미국의 추상화 화가로, 그의 작품 중 〈블랙 판드라이브(Black Paintings)〉는 반복된 패턴으로 구성되어 있다. 이 작품은 모노크롬의 블랙 색상으로 구성되어 있으며, 이를 현대 미술에서 사용하는 반복된 패턴으로 묘사하였다.

타로카드 속 리피트 성향을 내포한 카드

✳ 이중성 DUALITY

이중색은 두 가지 색상의 조합으로 이루어진 색상이다. 일반적으로 흰색과 검정색이 이중색으로 많이 사용된다.

흰색은 순수성과 총명함을 상징하며, 검정색은 권위와 힘, 절제와 신비성을 상징한다. 이 두 가지 색상을 조합하면 균형과 조화를 이루는 색상이 된다.

이중색은 매우 다양하게 사용된다. 예를 들어, 흰색 위에 검정색으로 문자를 쓰면 글씨가 두껍고 선명하게 보이게 된다. 또한, 흰색 배경에 검정색으로 선을 그리면 선이 더욱 부각되어 눈에 잘 띄게 된다.

이중색은 또한 강력한 대비 효과를 가지고 있어서, 시각적으로 매우 흥미로운 결과물을 얻을 수 있다. 예를 들어, 화이트와 블랙의 이중색으로 디자인된 의상은 특별한 매력을 뽐내며, 효과적인 시각적 효과를 보여 준다.

이중색은 또한 감정적으로 매우 강력한 메시지를 전달할 수 있다. 예를 들어, 검정색과 흰색의 이중색은 우아함과 권위를 상징하며, 특히 공식적인 행사나 중요한 일자리에서 많이 사용된다.

결론적으로, 이중색은 매우 다양하고 강력한 색상이다. 흰색과 검정색의 조합은 균형과 조화를 이루며, 시각적으로 매우 매력적인 결과물을 만들어 낸다. 또한, 이중색은 감정적으로 매우 강력한 메시지를 전달할 수 있어서, 다양한 분야에서 널리 사용되고 있다.

흰색과 검은색은 색상적으로 가장 대조적인 두 색상 중 하나로, 이중적인 성격을 가진다. 흰색은 순수, 깨끗한 이미지를 나타내며, 검은색은 무게감과 안정성을 나타낸다. 이러한 이중적인 성격으로, 흰색과 검정색을 혼합한 색은 다양한 상징적 의미를 가지게 된다.

주요 키워드

- **긍정**: 균형, 이상적 대등, 상반, 상호보완, 포용력, 중재자, 협조, 중립, 중도, 참모, 대화, 공존, 대안, 완전함, 변화, 비교, 상호 작용, 다양성 교류, 대체, 상호결합, 균형점, 진보, 상호 작용
- **부정**: 대립, 갈등, 이중성, 반대, 모호함, 우유부단, 극단적, 대치, 왜곡된, 이변, 불일치, 대체 가능, 극단적 갈등, 조정, 상충

1. **성향·성격**: 흰색과 검정색을 혼합한 색을 좋아하는 사람들은 대체로 매우 신중하고 조용하며, 안정적인 분위기를 선호한다. 그러나 동시에 아름답고 고급스러운 것을 추구하기도 한다.

중립을 지키려고 하고 속을 알 수 없는 성격이기도 하다.

모 아니면 도의 기질이 강할 수 있다.

어른스럽고 사색적인 성향이 많다. 다만 너무 융통성이 없어서 자신의 생각이 옳다고 주장하거나 흑백논리가 강해서 사회생활이 어려울 수도 있다. 규칙을 준수하려하고 도덕성이 강해서 모범생인 경우도 많다.

너무 과분하게 사용할 경우, 어두운, 울퉁불퉁한 이미지를 상징하기도 한다.

2. **진로·직업**: 흰색과 검정색을 혼합한 패턴은 검정색은 신뢰성과 안정성을 나타내고, 흰색은 순수하고 깨끗한 이미지를 나타내므로 두 가지 분야의 직업이 통용이 된다.

안정적인 사무직, 공무원, 정치인이나 직업군인 또는 희생과 봉사를 해야 하는 의사, 간호사, 사회복지사 등이 적합하다.

요즘에는 투잡 N잡 부업을 하고 있을 때도 등장한다.

3. **금전**: 흰색과 검정색을 혼합한 패턴은 금전에서 좋지 않다. 답답한 상태이거나 금전이 막힌 상태로 이어지는 일이 자주 생기거나 통장의 잔고가 비는 일이 종종 발생한다. 상황이 안 좋다가 다시 회복되는 듯하다가도 다시 안 좋아지는 시기가 반복되는 경우가 생긴다.

4. **연애**: 불륜이나 남들에게 말하지 못할 연애를 하고 있을 경우에도 나온다. 사내연애를 하는데 감춰야 하는 경우거나 공개적으로 연애를 할 수 없을 때도 이 카드가 등장한다.

만남을 지속해야 할까? 그만두어야 할까?

고민하고 있을 때나 양다리의 경우도 나타낸다.

현재 연애 중인 경우에는 상대방의 속마음을 알 수 없어서 답답할 수 있다.

연애의 흐름이 진척되지 않을 때이다.

5. **건강**: 흰색과 검정색을 혼합한 패턴은 대체로 나쁜 것과 좋은 것의 대조적인 이미지로 사용된다.

생과 사를 넘나드는 중대한 질병이 있거나, 큰병을 앓고 회복기에 있을 경우, 암 등의 발생시 치료단계에 있을 경우 주의 필요.

흰색과 검정색을 혼합한 패턴은 이중성과 대조적인 이미지를 나타내므로 건강, 진로, 성격, 금전, 등 다양한 상황에서 사용된다. 이 색은 대체로 깨끗하고 균형잡힌 이미지를 나타내며, 브랜드 이미지를 강화하는 데 사용된다. 또한 일관성과 정확성, 안정감 등을 확보하기 위해 사용될 수 있다.

검정색과 흰색의 이중색과 관련된 작품들

1. 앰스(Theo van Doesburg): 그는 미술을 통해 이중색 원리와 타원형을 연구하였다. 그의 작품 중 〈컴포지션 IX(Composition IX)〉은 검정색과 흰색의 이중색으로 이루어져 있으며, 도형과 색상의 균형을 이룬 작품이다.

2. 카세바(Kasimir Malevich): 그는 러시아의 추상화 화가로, 그의 작품 중 〈검정 사각형(Black Square)〉은 검정색으로 채워진 작품이다. 이 작품은 러시아 혁명 이후에 출판된 것으로, 단순하고 직선적인 형태로 혁신적인 작품으로 인정받았다.

타로카드 속 듀얼리티 성향을 내포한 카드

Chapter

4

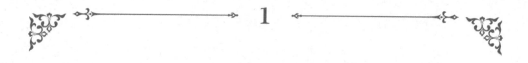

퍼펙트 컬러타로를 활용한 스프레드

1) 원 카드 스프레드

원카드 배열법은 정역을 구분하지 않는다.

해석하면서 간단한 질문이나 해석이 애매모호할 때 추가로도 사용할 수 있다.

질문은 긍정으로 한다.

질문의 주제가 명확하고 YES, NO의 답변이 가능하도록 질문을 해야 한다.

원카드로 금전운 보기

Q: 이번 달에 받을 돈이 들어올까요?

A: 원하는 돈이 들어와서 금전운이 좋아질 운입니다. 금전의 운도 흐름도 좋은 시기인
만큼 기다리는 돈이 있으시다면 받을 수 있겠습니다.

원카드로 애정운 보기

Q: 올해 안에 결혼할 남자를 만나게 될까요?

A: 연애운이 좋은 시기이니 분명 좋은 상대를 만날 수 있습니다. 이런 시기에는 연애를
   하고자 하는 본인의 마음도 긍정적이기에 좋은 인연을 만나실 수 있습니다.

Q: 저는 어떤 직업을 하면 제게 잘 맞을까요?

A: 본인은 교육직, 상담직, 연구직. 사회복지계열 및 기획이나 컨설팅, 심리 관련업, 광고나 언론 계열 작가나 출판, 철학이나 종교 법조나 정치분야에서 적성을 찾는다면 좋을 것 같습니다.

이렇듯 원카드의 장점은 간단하고 명확하다. 단 질문의 방식이 잘못될 경우는 해답이 잘못 나오니 질문을 잘 만들어야 한다.

2) 미니 크로스 스프레드

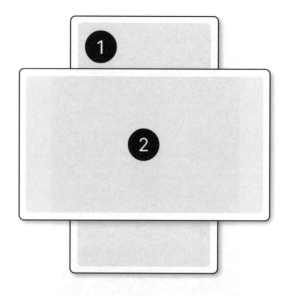

1번 '나'

문제의 핵심이나 해석의 중심요소

2번 '문제점'

문제의 해결을 위해 내가 짊어져야 하는 요소

목표를 위한 과제나 방해물 장애요인

미니 크로스로 금전운 보기

Q: 자영업자인데 올 상반기 금전운은 어떨까요?

A: 지금 자금 사정은 너무 안 좋군요. 당분간 답답하고 자금 융통도 어려운 힘든 시기가
   되실 듯합니다. 아마 수입이 들어와도 계속 나가는 돈이 많아서 당분간은 고전하실
   듯합니다.

미니 크로스로 애정운 보기

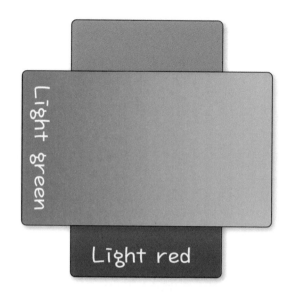

Q. 현재 만나는 남자친구의 속마음 애정이 어떤가요?

A: 지금 만나시는 남자분은 처음에는 너무 뜨겁고 열정적인 모습으로 사랑에 빠지신 것
같아요.

그런데 최근 소통이나 연락 대화가 부족하다 여기시는 것 같아 보이네요. 이분은 정
서적인 만족감도 얻고 싶어 하시니 앞으로는 커뮤니케이션에 신경을 더 써주시고 많
은 이야기를 나누어 보시길 바랍니다.

미니크로스 배열법은 두 장만으로 원인과 결과, 과거와 미래 등 간결하고 명확하고 빠
르게 해석이 가능하다.

하지만 디테일한 설명이 부족하니 자세한 내용을 알고 싶을 때는 사용이 어렵다.

3) 쓰리카드 스프레드

스프레드 설명

1번: 과거 (원인)

　　과거의 행동, 과거의 문제점, 과거의 노력, 과거의 갈등요소나 상태

2번: 현재 (현재 상태)

　　현재의 금전, 현재의 애정. 현재의 직업, 현재의 마음 등 현재의 모습을 나타냄

3번: 미래 (결과의 예상)

　　현재의 행동이 변하지 않는다고 가정했을 때 미래의 모습이나 결과

쓰리 카드 스프레드는 가장 보편적으로 사용되고 있는 스프레드이다.

Sky blue   Orange   Deep indigo

Q: 40대 자영업자입니다. 작은 소품샵을 하고 있는데 생각보다 잘되질 않아서 고민이
에요. 상반기 금전 흐름은 어떨까요?

A: 요즘 불경기로 인해 많은 자영업자 사장님들이 힘들다고 하시네요. 그러나 카드상으
로는 과거의 흐름이나 지금 현재의 흐름은 결코 나쁘지 않다라고 나옵니다. 다만 여
름이 좀 힘드실 거라 하니 여름에 금전 흐름을 대비해서 봄에 수입을 잘 관리하셔야
할 듯합니다.

Q: 아, 맞아요. 여름에 아이 유학자금을 보내 줘야 해서 저도 그게 많이 걱정이 되었습
니다.

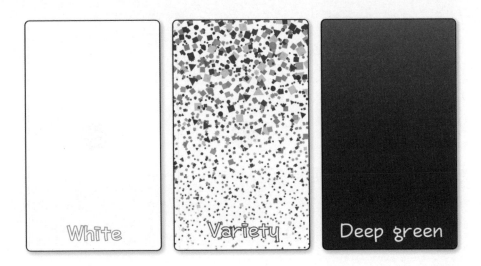

Q: 현재 교제하고 있는 남성이 있는데요. 그분의 저에 대한 속마음이 궁금합니다.

A: 네. 내담자님 카드로 보니 두 분이 사귀신 지 오래되지 않으셨나 봐요. 과거에는 친구나 동료처럼 사심 없이 진짜 순수한 마음으로 만나신 듯하구요. 점점 마음이 깊어지고 서로를 알아가시면서 만나면 재밌고 내담자님과의 만남이 즐겁고 매력 있는 분이라고 생각하시는 듯합니다.

앞으로도 점점 서로 커뮤니케이션이 잘되고 안정적인 관계로 편안하게 교제하실 듯합니다.

  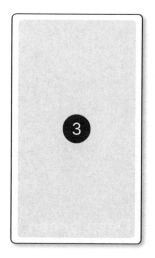

뚜렷한 목적을 가지고 미래를 구체적으로 설계할 때 사용한다.

일의 성패 결과를 알아보기 전 사용한다.

확실한 결과를 예견할 수 있고 그걸 좀 더 안전한 성공을 바랄 때 사용한다.

카드를 놓을 때는

1-2-3으로 놓지만 리딩은 3-2-1 순서로 리딩한다.

1. 희망: (소망하는 것, 내가 믿는 바람)

2. 근심: (내가 걱정하는 것, 내가 두려워하는 것)

3. 반대: 내가 희망하고 바라는 반대의 상황 문제점, 장애물

Deep red   Silver   Blue

Q: 새로운 프로젝트가 성공할까요?

A: 금전적으로 걱정이 많으신가 봅니다. 아마 많은 금전적 투자금이 들어가는 프로젝트 인데 현재 자금 조달에 어려움을 겪고 계신가 봐요. 아마 내담자님은 이 프로젝트가 혹시 잘못된 선택이나 추진이 아니었을까 걱정하시고 계시네요. 이 일이 원만하게 안정적으로 잘 진행되시길 바라시고 계시는데 현재 하시던 그대로 일을 하신다면 큰 무리는 없어 보입니다.

4) 라인 스프레드

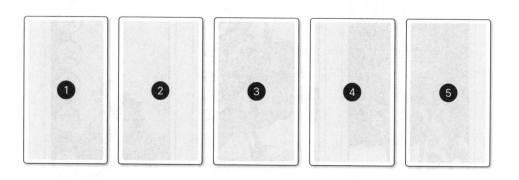

순서대로 놓는다 하여 라인 스프레드(Line Spread)라고 부른다.

이 배열법에서는 현재가 중심이므로 3번 자리의 현재를 중심으로 리딩한다.

1번 2번 카드: 과거

3번 카드: 현재

4번, 5번 카드: 미래

1번과 2번은 과거의 상황에 대한 내담자의 관점을 나타낸다.

3번은 현재에 내담자가 보고 생각하고 있는 것을 나타낸다.

4번과 5번은 미래를 나타내지만 두 가지의 방향이 나오기도 한다.

즉 3번의 선택에 따라 서로 달라지는 두 개의 결과를 보여 주는 것이다.

Q: 중소기업을 운영하고 있어요. 사실 사업체가 너무 힘들어져서 힘든 가운데 무리하게
   확장을 해서 더 불안하네요. 저의 앞으로 사업 흐름은 어떤가요?

A: 카드상에서도 똑같이 나왔습니다. 현재 내담자님이 느끼시는 상태(3번 딥 인디고)처
   럼 금전적으로 힘드신 상태입니다.

   아마 한때는 무척 잘되셨던 사업으로 보여집니다만, (1번 레인보우) 최근 여윳돈 없
   이 모든 돈을 투자하신 카드로 (2번 화이트) 나옵니다.

   그리고 아마 당장은 흐름이 안 좋고 불안하실 거예요 하지만 미래 카드의 흐름으로
   는 (4번 라이트 옐로우) (5번 제이드 블루) 투자하셔서 확장하신 것이 다 잘되셔서
   사업이 잘되시는 모습이니 걱정 안 하셔도 되시겠습니다.

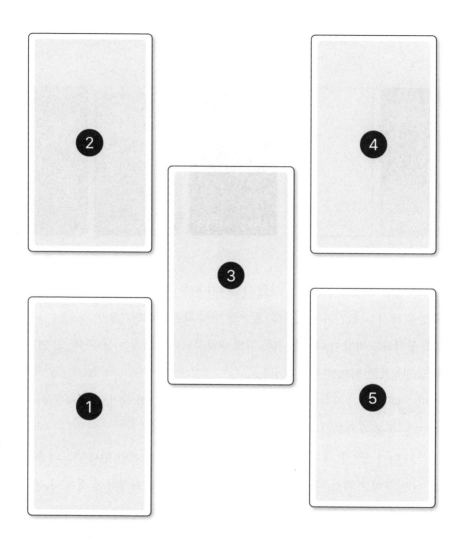

1번: 현재의 질문대상의 재정상태

2번: 질문대상자의 고정 수입

3번: 돈 벌 기회or 횡재수

4번: 조언

5번: 최종 결과

Q: 앞으로 두 달간 금전운이 궁금합니다.

A: 지금 내담자님께서는 고정적으로 들어오는 돈도 있고 나가는 돈도 있어서 고정생활
비는 반복적으로 들어오는 상황이시네요. 다만 앞으로 큰돈을 벌 수 있는 기회나 횡
재수는 없어요. 그렇기 때문에 큰 지출을 삼가하신다면 일상생활에 대한 금전은 들
어오지만 또 그에 따른 고정 지출비가 나가다 보니 빠듯하다라고 생각하실 수 있으
실 듯합니다.

5) 매직세븐 스프레드

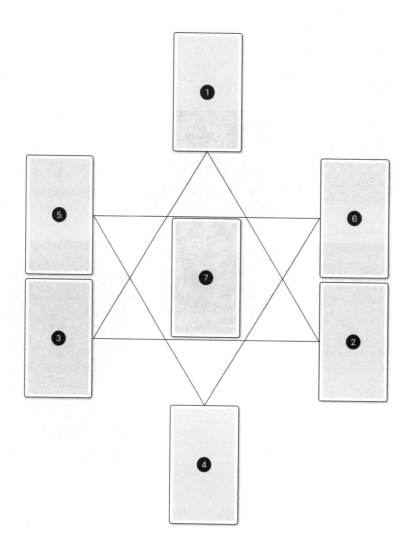

1번: 현재와 연결된 과거
2번: 현재
3번: 가까운 미래
4번: 해결방법

5번: 배경(영향을 끼칠 것들)
6번: 내담자의 마음(장애물)
7번: 예상되는 결과

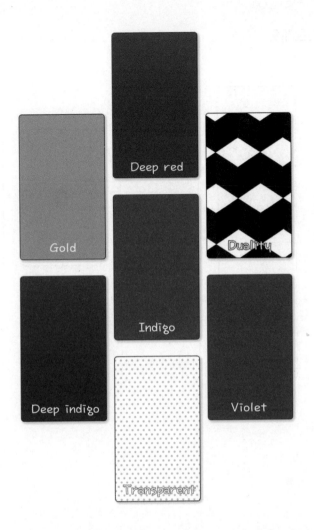

Q: 집이 매매가 되지 않아서 걱정이 됩니다. 이번달 안에 매매가 될까요?

A: 과거에 집을 매매할 좋은 기회가 있었는데 놓치신 것 같아요. 집이 다른 집들에 비해 가격이 높거나 내담자님이 조율을 안 하실 생각이신 듯합니다. 조언 카드에 transparent가 나온 것 봐서는 혹시 공실이신가요? 집을 매매로 내놓으신다면 이번 달에는 거래가 안 될 것 같아요.

집 가격을 더 낮추어야 할 듯합니다.

Q: 네. 공실로 비워져 있어요. 그럼 일단 낮춰서 다시 내놔야겠습니다.

6) 속마음 스프레드

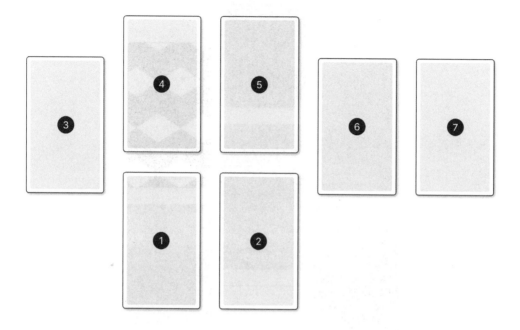

속마음 배열법

1. 상대의 속마음

2. 내담자의 속마음

3. 현재상황

4. 상대의 겉으로 드러난 행동

5. 내담자의 겉으로 드러난 행동

6. 가까운 미래

7. 결과

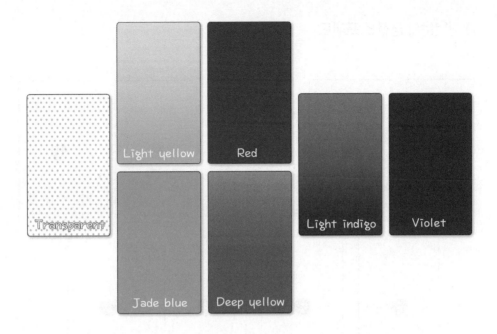

Q: 30대 중반 미혼여성이고요 결혼정보회사에서 만난 지 3개월 차 커플입니다. 현재 교제 중인 분의 마음과 흐름이 궁금합니다.

A: 남자분은 내담자님을 맘에 들어 하고 있으며 결혼에 대해 진지하게 생각하면서 만나려고 하십니다.

그러나 이분이 아마 자존감도 높으시고 나름 본인이 괜찮은 사람이라고 생각하다 보니 조금은 자기 위주로 행동하거나 이성적으로 많이 따지면서 교제를 하시려 할 수도 있어요.

반대로 내담자님께서는 처음에는 이분에 대해 많이 조건도 보시고 본인이 손해 보지 않고 이리저리 따지시고 신중하게 만나시다가 점점 맘을 여실 것 같아요. 아마 지금도 서로 연락도 잘하시고 서로에 대해 알아가시려는 맘도 많으신 듯합니다.

앞으로 서로 믿고 신뢰하시면서 관계를 더 깊게 가지실 수는 있으시겠지만 서로가 너무 지나치게 자존심을 내세우거나 소극적으로 행동한다면 연애에서는 깊어지는데 오래 걸릴 수 있겠으니 그 점을 참고 하시면 좋겠습니다.

7) 신년운세 금전 스프레드

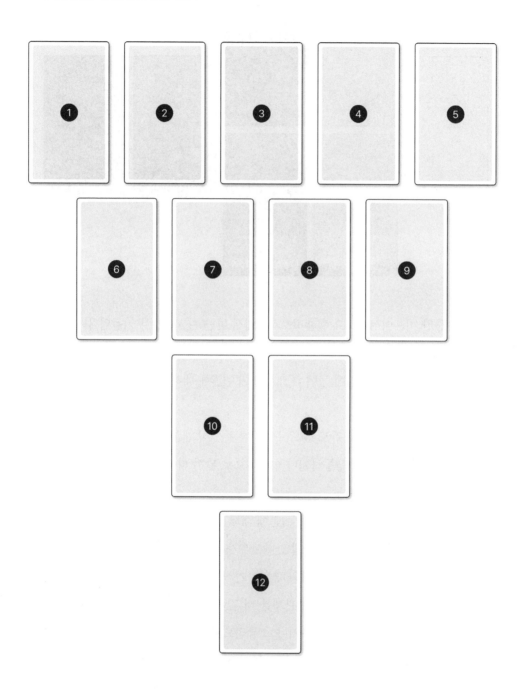

1. 비겁: 나, 형제자매, 경쟁자

2. 식상: 자녀운, 사회성, 활동성

3. 재성: 재물운, 아버지, 시어머니

4. 관성: 배우자, 직장운

5. 인성: 어머니, 땅, 문서, 공부, 인덕

6. 1/4분기, 봄, 초년

7. 2/4분기, 여름, 중년

8. 3/4분기, 가을, 장년

9. 4/4분기, 겨울, 말년

10. 가장 조심해야 할 것

11. 상담사 조언

12. 최종 결과

Q: 매해 신년이 되면 신년운세가 궁금하긴 했지만 한 번도 보지 않았는데 올해는 꼭 상
담을 받아 보고 싶어서 용기를 내 봤습니다. 저의 신년운세가 궁금합니다. (40대, 자
영업, 여성)

A: 내담자님 1번 비겁: 올해 본인의 하시는 일에 있어서 경재자고 많지만 또한 한편으로
는 나 혼자서 해나간다기 보다는 동료나 함께하는 단체, 조직, 혹은 회사를 운영하거
나 팀을 꾸려서 활동하시게 될 것 같습니다. 그로 인해 많은 이익도 있고 큰 운도 생
기실 것 같습니다. 2번 식상: 자녀의 운 혹은 내가 데리고 있는 아랫사람의 일이 내가
원한 기대치만큼 펼쳐지진 않아서 서운하고 섭섭하겠지만 그건 내담자님이 바라시
는 바가 높아서이지 결코 나쁜 운이어서는 아닌 듯합니다.

3번 재성: 재성운도 마찬가지로 본인이 함께하는 동료나 혹시 단체 조직 교육이나 그
동안 오랫동안 해 오시던 일로 돈을 벌 수 있으실 듯한데요. 교육업을 하시거나 가르
치시는 일이 재성의 기반이 되실 듯합니다.

4번 관성: 배우자운으로 본다해도 서로 나쁘지 않은 관계로 잘 지내실 듯합니다. 다만 서로가 조금씩 양보하고 이해하시면 더욱 좋으실 것 같습니다.

5번 인성: 올해는 배움이나 문서운도 좋으셔서 배우거나 가르치는 부분, 그리고 문서적으로 많은 계약운이 있어보이니 기회를 잘 잡으시길 바랍니다.

6번 봄: 봄에는 금전도 나의 지위나 영향력도 아주 좋습니다. 거침없이 목표를 향해 돌진하시길 바랍니다.

7번 여름: 여름에는 계획을 좀 더 꼼꼼하게 살피시고 실수가 없는지 잘 확 해 보셔야겠습니다. 지금 같은 경우도 제 날짜에 입금된다고 믿고 무작정 처리하면 어긋날 수 있으니 두 번 세 번 철처하게 점검하도록 하셔야겠습니다.

8번 가을: 문서운이 들었습니다. 주변에서도 많은 사람들이 호응을 하니 역동적으로 움직이실 듯합니다. 외부의 활동을 많이 하시면 좋으실 듯합니다.

9번 겨울: 만족할 만한 성과물로 사업상 일은 잘 흘러가실 듯합니다. 다만 아마 무엇인가 새롭게 일을 하셔야 하는지 답답한 흐름은 보이지만 크게 고통을 받지는 않겠습니다.

10번 조심해야 할 것: 신중하게 행동하는 것이 필요한 듯합니다. 여러 번 생각하시고 신중하고 오랜 경험을 바탕으로 일을 처리하시길 바랍니다.

올해 1번 자리의 비겁만 보더라도 올해는 아마 팀으로 움직이시는 모양이 많으니 여러 사람의 의견도 참고하셔서 활동을 하심이 좋은 운을 만드시는 비결 같습니다.

11번 조언: 신중하게 때를 충분히 기다리시고 일을 추진하신다면 좋은 금전운을 얻으실 듯합니다.

12번 결과: 올해는 하시는 사업도 잘되시고 특히 금전적 운세가 좋으십니다. 다만 올해는 나보다는 다른 사람과 함께 서로에게 도움을 주고받으시며 사업을 꾸려 가신다면 최고의 한 해가 되실 듯합니다.

8) 신년운세 스프레드

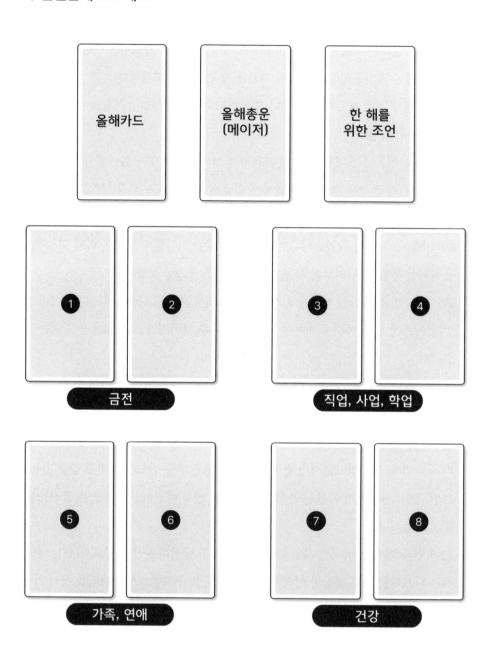

올해 해운 카드: 올해 연도+ 양력생일

예시 올해 해운 카드 계산법

2023년 해운 내담자의 생년월일 10월 14일

2023+10+14=2047

2+0+4+7= 13

13번 DEATH 카드가 2023년 해운 카드이다.

Q: 올해 신년에 저의 건강과 사업 그리고 연애와 건강운을 알고 싶습니다.

A: 내담자님의 올해 해운의 키워드는 새로운 변화가 오는 해입니다. 새롭게 다시 태어난 듯 이제는 변화를 시도하고 받아들여야 합니다.

데스카드가 해운으로 오면 특히 건강관리에 유념하셔야 하니 건강을 잘 챙기세요.

금전은 크게 좋지 못합니다. 새롭게 시작한다는 것은 밭을 갈고 씨를 뿌리는 단계입니다. 그러니 재물에 욕심을 내기보다는 내실 다지기에 유념하세요. 올해 총운도 역시 0번 바보카드가 나왔네요. 올해는 다시 초심으로 돌아가서 새롭게 태어나듯 일을 시작해 보시기 바랍니다.

조언카드가 나타내는 1번 마법사카드는 이미 내담자님은 그 충분한 능력을 갖추신 분이라고 하네요.

금전운은 상반기 하반기 모두 답답합니다. 큰 기대보다는 작은 돈이지만 내가 미래를 위해 투자를 한다라고 생각하셔야 합니다.

사업운은 상반기에는 열정적으로 시작하시고 많은 일을 해 나가셔야 하겠습니다. 하지만 하반기에는 안정화되고 편안하게 이루어지겠습니다.

연애운은 상반기에는 서로 소원하고 서운한 것이 많으셔서 자주 못 만나시거나 냉각기를 걸으시겠지만 하반기는 다시 관계가 회복되고 서로간에 의지가 되는 편안한 친구같은 관계로 회복하겠습니다.

건강은 목 관련 질환과 폐 관련 질환을 조심하시면 좋겠습니다.

9) 연애궁합 스프레드

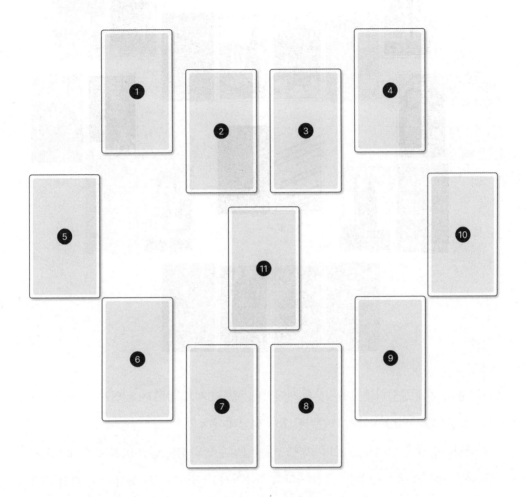

1. 나의 애정표현
2. 나의 성향
3. 상대방의 성향
4 상대의 애정표현
5. 나의 가정환경
6. 나의 금전영향

7. 상대에 대한 나의 생각
8. 상대가 생각한 나의 모습
9. 상대의 금전 영향
10. 상대의 가정환경
11. 조언 및 충고

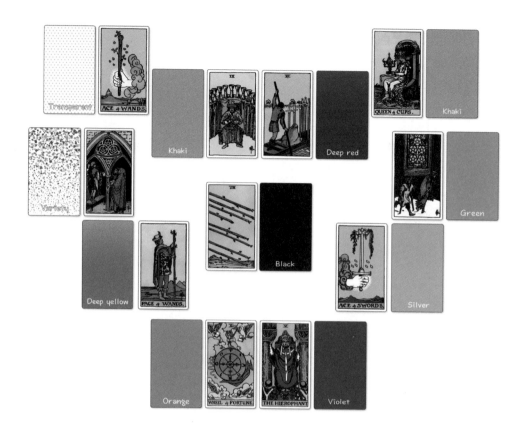

Q: 7년 차 연애 중입니다. 너무 잦은 헤어짐과 재회로 서로 많이 지쳐 있는 상태인데요. 이대로 계속 만나야 할지 그만둬야 할지 답답해서 궁합을 보고 싶습니다.

A: 내담자님의 궁합 카드를 보니 그래도 내담자님은 만나시는 연인을 믿고 계시고 의지하고 계시고 헤어지기보다는 의지하고 소유하시고 싶어하시는 듯합니다. 다만 내가 굽히고 맞춰 주기보다는 이제 나도 굳이 상대방이 아니여도 괜찮다라는 생각도 갖고 계시네요. 서로 익숙해져서 편안한 관계이시구요. 최근에 남자분은 이별을 생각하신 상태 같아요. 화가 나 있는 상태시구요. 그렇지만 이분은 마음속으로는 이 관계에 대해 답답하고 불안정한 생각과 또 그리움도 갖고 계시는 듯합니다. 서로 비슷하게 오래된 친구같은 감정으로 바라보시네요.

내담자님의 가정환경은 본인이 챙기고 돌봐야 할 사람들이 많으신 것 같아요. 사실

신경 쓸 곳도 많고 바쁘고 정신이 없는 상황이신 것 같네요. 상대방의 가정환경 또한 본인의 금전은 여유롭고 넉넉하진 않으시구요. 다만 정서적으로는 안정적인 가정을 갖고 계신 듯합니다.

금전적인 면에서는 내담자님은 이제 새롭게 일을 시작하셨거나 신규 사업을 하실 운인데 금전운은 좋습니다. 상대방 또한 이미 이루어 놓으신 결과로 금전은 안정적입니다.

상대방은 재회를 원하고 계시고 다시 즐겁고 행복한 관계를 만들기를 원하시네요. 아마 소울메이트나 정신적인 조력자처럼 느끼고 계시고 매우 매력적인 여성으로 보고 계셔요.

다만 조언을 드리자면 이 관계를 잘 이어 가시려면 서로 바쁘고 힘들어도 자주 소통하시고 연락하셔야 이어질 듯합니다. 아니면 다시 똑같은 이유로 이별을 하실 수 있다고 봅니다.

10) 켈틱 크로스 스프레드

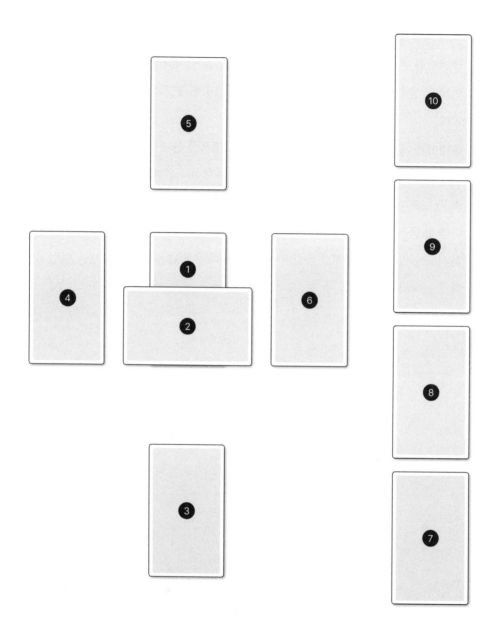

1. 현재상황

   현재 상황이나 질문에 대한 기본적인 요소를 나타낸다.

2. 장애물

   질문자를 가로막고 있는 장애물인 장애요소에 대해 나타낸다.

3. 잠재된 영향력

   현재 상황에 있는 숨겨진 중요한 요소들과 진실을 나타낸다.

   이 카드를 첫번째 카드보다 집중해서 보아야 한다.

4. 근접한 과거

   최근 지나간 과거의 일과 현재 상황이 일어난 배경을 나타낸다.

5. 현재 드러난 영향력

   현재 드러나 있는 상황과 앞으로 발전 가능성이 있는 요소들을 나타낸다,

6. 가까운 미래

   곧 다가올 미래를 나타낸다.

7. 현재 나의 상태

   질문자 자신을 나타낸다.

   현재의 상황에 대한 질문자의 생각이나 목표 등을 나타낸다.

8. 타인이 바라보는 나

   질문자의 주위 사람들과 상황 그리고 이 질문에 그들이 끼치는 영향력을 나타낸다.

9. 중요한 문제 결과에 큰 영향을 미칠 요소

   경고의 메시지인 동시에 질문자의 희망과 두려움을 나타낸다.

10. 결과

   전체 카드의 해석을 종합하여 질문에 대한 결과를 나타낸다.

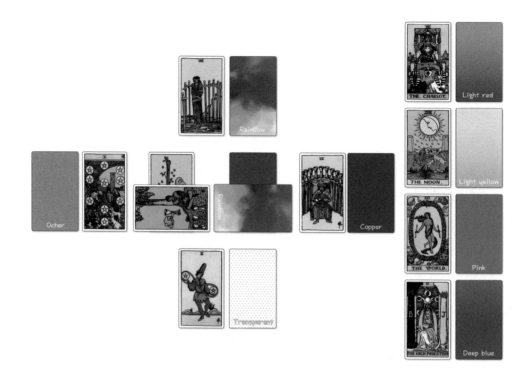

Q: 작년에 원하는 대학에 합격을 하지 못해서 재수를 하고 있는 자녀가 있습니다. 올해
는 합격이 가능할지 궁금합니다.

A: 자제분이 재수를 하고 있으시니 더 걱정이 많으시겠습니다. 본인은 현재 자신감도
있고 어느 정도 실력도 있다라고 생각하시네요. 대체로 그런데 노력을 하지 않고 무
기력한 점이 문제로 보입니다.

본인이 아직 어떤 학과나 진로에 대해 갈팡질팡 갈등을 하고 계시는 모습이네요.

과거에는 아마 공부를 못하신 건 아닌 것으로 보입니다. 나름 만족할 만한 성적을 받
았고 그보다는 사회성이 매우 좋아서 경쟁심보다는 적당히 안정적인 성적을 받아 오
신 것으로 보입니다. 하지만 딱히 미래에 대해 목표의식이 부족하고 원하는 대학까
지의 성적은 안 나와서 답답해하시는 모습이 보입니다.

하지만 성적이 떨어지거나 하락하진 않고 되레 조금씩 하반기부터는 점수가 상승하

는 운세입니다.

아마 단기적으로는 본인이 원하는 과가 진로에 대해 갈등하고 고민하느라 성적이 주춤한 모습이지만 점차 점차 자신이 노력하는 만큼의 결과가 보이니 격려해 주시고 응원해 주신다면 원하시는 곳으로 합격하실 수 있으실 것입니다.

부록

사랑과 연애에 관한 명언

1. "사랑은 눈으로 보이지 않는다. 그것은 마음으로 느껴진다." - 헨리 데이비드 소로

2. "사랑은 다른 사람이 내가 되는 것이 아니라, 내가 다른 사람이 되는 것이다." - 풀러

3. "사랑은 자기 자신을 발견하는 것이다. 자기 자신을 잃어버리지 마라." - 카르데날

4. "사랑은 서로를 바라보는 것이 아니라, 함께 같은 방향을 바라보는 것이다."
   - 안토니오 포르테

5. "사랑은 우리를 불안하게 만든다. 그러나 그것은 우리를 가장 행복하게 만드는 것이기
   도 하다." - 마리 루이즈 드 라랑시

6. "사랑은 자신의 가치를 알게 해 주는 것이다." - 마르쿠스 아우렐리우스

7. "사랑은 서로에 대한 이해와 관용으로부터 시작된다." - 윌리엄 뎁

8. "사랑은 무엇을 주느냐보다는 무엇을 나누느냐에서 비롯된다." - 조니 데프

9. "사랑은 상처를 입는 것이다. 하지만 그것이 없으면 삶은 아무런 맛이 없다."
   - 마이클 제릴로

10. "사랑은 하나님의 선물이며, 우리는 그것을 지켜야 한다." - 마더 테레사

11. "사랑은 자신을 찾는 것이 아니라, 찾아주는 것이다." - 톨스토이

12. "사랑은 서로에게 주는 것이다. 빼앗는 것이 아니다." - 오프라 윈프리

13. "사랑은 아무것도 기대하지 않고, 모든 것을 준비하는 것이다." - 에릭 프롬

14. "사랑은 서로에 대한 신뢰와 존경에서 비롯된다." - 제인 에어

15. "사랑은 두려움이 없는 곳에서 피어난다." - 에릭 프롬

16. "사랑은 두 개의 인간이 하나가 되는 것이 아니라, 각각의 인간이 더욱 완전해지는 것이다." - 미셸 드 몽테뉴

17. "사랑은 인간이 가지는 가장 위대한 감정 중 하나이다." - 에이브러햄 링컨

18. "사랑은 자유와 연결된다." - 에릭 프롬

19. "사랑은 서로에 대한 이해와 존중에서 비롯된다." - 알렉상드르 드 사냥

20. "사랑은 두 사람이 함께 성장하는 것이다." - 칼 융

21. "사랑은 서로에 대한 관심과 배려에서 비롯된다." - 제인 에어

22. "사랑은 두 사람이 서로에게서 주는 것에서 비롯된다." - 카를로스 카스타네다

23. "사랑은 우리가 가진 가장 귀중한 보물이다." - 에디슨

24. "사랑은 두려움을 이긴다." - 마틴 루터 킹 주니어

25. "사랑은 서로에 대한 이해와 관용에서 비롯된다." - 윌리엄 셰익스피어

26. "사랑은 자신을 포기하는 것이 아니라, 서로에게 더 많은 것을 주는 것이다."
    - 리처드 발러스

27. "사랑은 우리를 더욱 인간적으로 만든다." - 마더 테레사

28. "사랑은 서로를 이해하고 받아들이는 것에서 비롯된다." - 칼 융

29. "사랑은 두 사람이 함께 강해지는 것이다." - 헨리 포드

30. "사랑은 서로에게서 이끌어주는 힘이다." - 윌리엄 셰익스피어

31. "사랑은 무엇보다도 참을성과 관용으로 가득 차 있어야 한다." - 드미트리 메레쉬코프

32. "사랑은 참을성 있는 것이며, 친절한 것이며, 모든 것을 용서하는 것이다."
    - 카르무스(예수 그리스도의 사도)

33. "사랑은 불완전한 것을 완전하게 만드는 힘이다." - 토마스 아켐푸스

34. "사랑은 마음의 불꽃이며, 지성의 빛이다." - 톨스토이

35. "사랑은 서로 바라보는 것이다." - 트롤로프

36. "사랑은 모든 것을 참아내는 것이다." - 톨스토이

37. "사랑은 인생에서 가장 위대한 축복이다." - 이머슨

38. "사랑은 자유다. 그것은 결코 강제되거나 강요되지 않는다." - 괴테

39. "사랑은 성실한 것이다. 그것은 서로 믿는 것에서 비롯된다." - 톨스토이

40. "사랑은 두 개의 몸을 하나로 만들어 주는 것이다." - 니체

41. "사랑은 자신을 버리는 것에서 비롯된다." - 케이지

42. "사랑은 무엇보다도 자신을 이해하는 것이다." - 에밀리 디킨슨

43. "사랑은 믿음과 희망의 열매이다." - 인용구

44. "사랑은 두려움을 제거하는 것이다." - 버나드 쇼

45. "사랑은 반드시 이성적인 것일 필요는 없다." - 도스토예프스키

46. "사랑은 귀여움과 아름다움으로 가득하다." - 고든 램지

47. "사랑은 언제나 희생의 느낌을 동반한다." - 톨스토이

48. "사랑은 더 이상 말이 필요하지 않을 때 완벽하다." - 언론인

49. "사랑은 인생에서 가장 중요한 것 중 하나이다." - 존 워너메이커

50. "사랑은 우리를 가장 높은 곳으로 이끌어준다." - 미상

51. "사랑은 불가사의한 것이다. 그것은 마법 같은 것이다." - 고든 램지

52. "사랑은 감정에 기반하며, 믿음과 신뢰의 상호 작용에서 비롯된다." - 미상

53. "사랑은 언제나 기쁨과 행복을 가져다준다." - 존 워너메이커

54. "사랑은 언제나 주인공이다." - 미상

55. "사랑은 서로를 이해하는 것에서 비롯된다." - 미상

56. "사랑은 우리가 인생에서 가장 소중히 여기는 것 중 하나이다." - 미상

57. "사랑은 서로를 지켜주는 것에서 비롯된다." - 미상

58. "사랑은 서로를 현실적으로 바라보는 것에서 비롯된다." - 미상

59. "사랑은 서로를 존중하고 배려하는 것에서 비롯된다." - 미상

60. "사랑은 우리가 인생에서 가장 커다란 보상 중 하나이다." - 미상

한 번 더 복습하는 퍼펙트 컬러타로 퀴즈

1. 다음 카드 중 금전운이 안 좋은 컬러는 어느 카드인가요?

① 황토색 Ocher   ② 무지개색 Rainbow   ③ 검정색 Black   ④ 구리색 Copper

2. 다음 카드 중 급한 성격과 욱하는 성격으로 문제를 유발시키는 성향의 컬러 카드는 어느 카드인가요?

① 노랑색 Yellow   ② 어두운 남색 Deep indigo   ③ 초록색 Green   ④ 빨간색 Red

3. 다음 카드 중 의존성이 강한 카드는 어느 카드인가요?

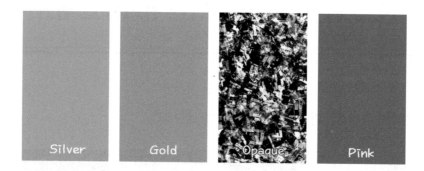

① 은색 silver   ② 금색 Gold   ③ 불투명색 Opaque   ④ 분홍색 Pink

4. 주황색의 성격이 아닌 설명을 고르세요.

① 밝은 성격이라 누구와도 잘 어울린다.

② 밝고 활기차며, 에너지가 넘치는 성격이다.

③ 다소 우유부단한 성격이거나 지나치게 조심하는 성향이다.

④ 자신감과 도전적인 면을 강조하며, 개성과 활동성이 뛰어나다.

5. 가족과 연관성이 많은 카드는 어떤 카드인가요?

① 옥색 Jade blue   ② 황토색 Ocher   ③ 핑크 Pink   ④ 레드 Red

6. 재능이 많고 호기심이 가득한 카드는 어떤 카드일까요?

① 진한 남색 Deep indigo   ② 갈색 Brown   ③ 무지개색 Rainbow   ④ 반복 Repeat

7. 블루 카드에 어울리는 직업이 아닌 것은?

Blue

① 상담사   ② 복지 관련직   ③ 운동선수   ④ 방송인

8. 결혼과 가족의 의미를 담은 카드와 거리가 먼 카드는 어느 카드인가요?

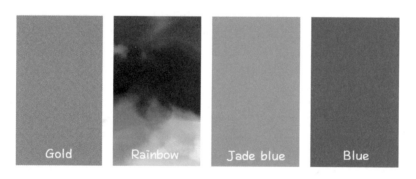

Gold   Rainbow   Jade blue   Blue

① 금색 Gold   ② 무지개색 Rainbow   ③ 옥색 Jade blue   ④ 하늘색 Sky blue

9. 식욕이 저하되었을 때 사용하면 좋은 카드는 어떤 카드일까요?

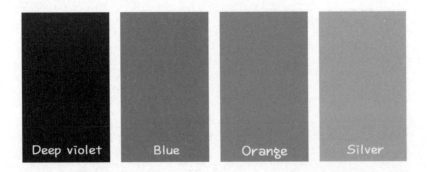

① 진한 보라색 Deep violet　　② 파란색 Blue　　③ 주황색 Orange　　④ 은색 Silver

10. 임신운이 있는 컬러는 어떤 컬러인가요?

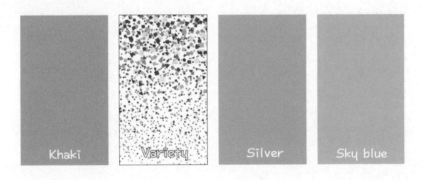

① 카키색 Khaki　　② 다채색 Variety　　③ 은색 Silver　　④ 옥색 Jade blue

11. 유흥업소나 저녁에 장사할 때 알맞는 카드는 어떤 카드인가요?

① 진한 보라색 Deep Violet ② 검정색 Black ③ 연한 파란색 Light ④ 흰색 White

12. 건강에서 중한 질병이나 암 등이 나타날 수 있는 카드는 어떤 카드일까요?

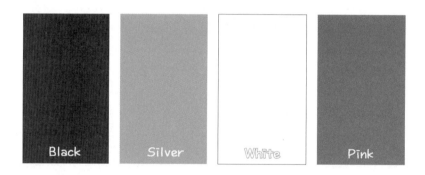

① 검정색 Black ② 은색 Silver ③ 흰색 White ④ 분홍색 Pink

13. 금전운이 막히고 답답한 시기에 대응하는 카드는 어떤 카드일까요?

① 회색 Gray   ② 빨간색 Red   ③ 연한 초록색 Light green   ④ 주황색 Orange

14. 레드 컬러의 성향이 아닌 것을 고르세요.

① 낙천적이고 적극적인 성격을 가진다.

② 신중하고 계산적이며 주도면밀하다.

③ 추진력이 있고 리더십이 강하며 용기가 있다.

④ 행동파인 특성이 있고 성격은 직설적이며 급하다.

15. 상담직종에 어울리는 카드는 어떤 카드일까요?

① 연한 파란색 Light blue   ② 진한 빨간색 Deep red

③ 연한 주황색 Light orange   ④ 이중성 Duality

16. N잡시대에 어울리는 카드는 어떤 카드일까요?

 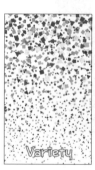  

① 황토색 Ocher   ② 다채색 Variety   ③ 카키 Khaki   ④ 투명한 색 Transparent

17. 겉과 속이 다른 이중적인 성격의 카드가 아닌 것은 어떤 카드일까요?

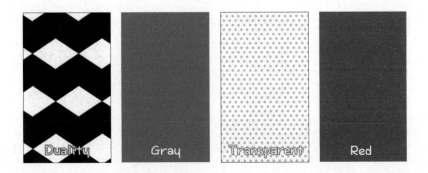

① 이중성Duality   ② 회색 Gray   ③ 투명한 색 Transparent   ④ 빨간색 Red

18. 해외 유학이나 여행 해외근무 등 해외와 관련이 많은 카드는 어떤 카드일까요?

① 황토색 Ocher   ② 갈색 Brown   ③ 노란색 Yellow   ④ 옥색 Jade blue

19. 친구로 만나거나 동료로 만나서 연인으로 발전될 수 있는 카드는 어떤 카드일까요?

① 초록색 Green   ② 분홍색 Pink   ③ 진한 빨간색 Deep red   ④ 무지개색 Rainbow

20. 쿠퍼색 성격에 해당하는 설명 중 아닌 것은?

① 융통성이 있고 개방적이며 인기가 많은 타입이다.

② 건강한 체력과 강한 스태미나를 가졌다.

③ 쾌활하고 뜨거운 열정을 갖추고 있다,

④ 내성적이고 사람들과 거리감을 둔다

21. 헤어지고 만나기를 반복해도 못 헤어지는 커플에게 등장하는 카드는 어떤 카드인가요?

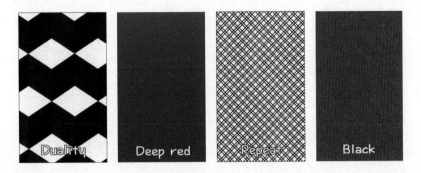

① 이중성 Duality   ② 진한 빨간색 Deep red   ③ 반복 Repeat   ④ 검정색 Black

22. 미간 차크라라고 불리는 색상의 카드는 어떤 카드인가요?

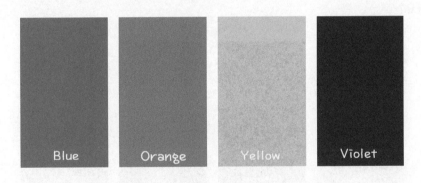

① 파랑색 Blue   ② 주황색 Orange   ③ 노랑색 Yellow   ④ 보라색 Violet

23. 염소자리의 색상에 일치하는 카드는 어떤 카드인가요?

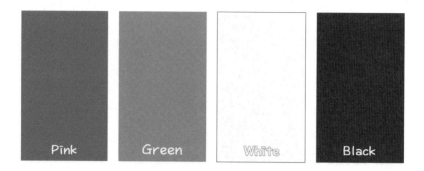

① 분홍색 Pink   ② 초록색 Green   ③ 흰색 White   ④ 검정색 Black

24. 유니버셜웨이트 러브 카드의 특징인 커뮤니케이션 능력을 잘 표현한 카드는 어떤 카드일까요?

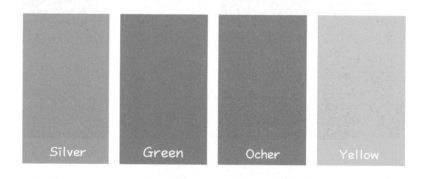

① 은색 Silver   ② 초록색 Green   ③ 황토색 Ocher   ④ 노란색 Yellow

25. 행복과 성적 욕구, 즐거움과 관계가 깊은 카드는 어떤 카드인가요?

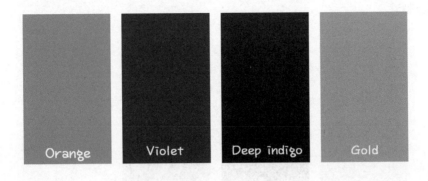

① 주황색 Orange   ② 보라색 Violet   ③ 진한 남색 Deep indigo   ④ 금색 Gold

26. 성향이 보수적이고 원칙적이며 신뢰하고 이성적인 인간관계를 표현하는 카드는 어떤 카드인가요?

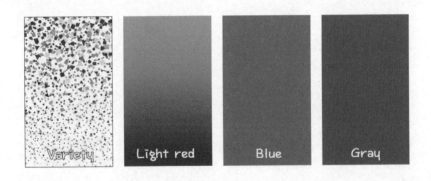

① 다채색 Variety   ② 연한 빨간색 Light red   ③ 파랑색 Blue   ④ 회색 Gray

27. 연애에서 감정보다는 이성적으로 하나하나 따지고 저울질하는 성향의 카드는 어떤 카드
    일까요?

① 노란색 Yellow   ② 연한 보라색 Light violet   ③ 분홍색 Pink   ④ 흰색 White

28. 횡재수나 당첨 혹은 유산상속을 의미하는 카드는 어떤 카드인가요?

① 금색 Gold   ② 연한 남색 Light indigo   ③ 옥색 Jade Blue   ④ 구리색 Copper

29. 조직사회나 네트워크마케팅에 능한 카드는 어떤 카드인가요?

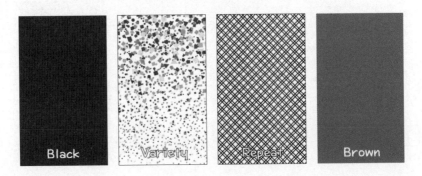

① 검정색 Black   ② 다채색 Variety   ③ 반복 Repeat   ④ 갈색 Brown

30. 퍼펙트 컬러 카드는 몇 개의 카드가 2세트로 구성되어 있나요?

① 22장   ② 32장   ③ 36장   ④ 39장

정답

1	④	2	④	3	④	4	③	5	①
6	④	7	③	8	③	9	③	10	④
11	②	12	①	13	①	14	②	15	①
16	②	17	④	18	④	19	①	20	④
21	③	22	①	23	④	24	②	25	①
26	③	27	①	28	③	29	③	30	④

에필로그

상담사로서 교육자로서 강사로서 매순간 내담자들의 고민과 사연을 들어주며, 좋은 가이드라인과 해답을 제시하고 안내해드리고 싶은 마음이 컸습니다. 많은 사람들이 이 책을 통해 조금 더 인간의 심리와 성향 그리고 상황을 이해하는 데 도움이 되길 바라며 이 책을 작성하게 되었습니다.

이 책에서 여러분이 만나 보신 퍼펙트 컬러 타로는 기존의 컬러 카드와는 다릅니다. 퍼펙트 컬러 타로는 그라데이션을 통해 정방향과 역방향의 의미를 각각 담아, 좀 더 풍부하고 섬세한 의미 해석을 가능하게 했습니다.

퍼펙트 컬러 타로는 78장의 카드로 구성되어 있으며, 각각의 카드는 다양한 색조와 그라데이션으로 이루어져 있습니다. 기존의 컬러 카드는 역방향으로 카드가 나올 경우 정방향으로 세워 놓고 읽어야 했지만, 퍼펙트 컬러 타로는 그라데이션을 통해 정방향과 역방향 모두 의미를 담았습니다. 이를 통해 이를 통해 이전에는 제한적이었던 기존의 컬러 카드에서는 얻을 수 없었던 더 깊은 이해와 예측이 가능해졌으며, 좀 더 정확하고 자세한 해석을 할 수 있게 되었습니다.

더불어, 이 정밀함은 퍼펙트 컬러 타로를 106장으로 해석할 수 있도록 만들어 주었습니다. 이전에는 놓치거나 무시했던 세부적인 의미까지 파악하여 더욱 정확한 미래 전망을 제공할 수 있습니다.

이 책의 출판이 제게는 다시 도전하는 시작이었고
또 그간 저의 상담과 교육업의 열쇠가 되었습니다.

이 책이 이렇게 완성되었지만 상담사로서의 교육자로서의 길은 끝나지 않습니다.
새로운 내담자들을 맞이하며, 많은 선생님들을 만나며 여러분의 고민과 문제들에 대한 가이드를 제시할 수 있도록 항상 최선을 다할 것입니다.

지금까지 저를 응원하고 믿어 주신 많은 분들께도 이 자리를 빌려 감사의 인사를 전하고자 합니다.
많은 분들이 늘 저를 믿어 주시고 응원해 주셨기 때문에, 저는 믿음과 자신감이라는 큰 선물을 받았습니다. 한 장 한 장 글을 쓰면서 많은 내담자분들의 얼굴과 상황이 생생하게 떠올랐습니다.
그리고 제게 늘 응원과 격려를 아끼지 않는 사랑하는 엄마와 저의 든든한 아들과 남편 그리고 로라타로 앤 아카데미의 가족들의 모습이 떠올랐습니다. 깊이 감사 드립니다.

마지막으로, 이 책이 제공하는 심리학적인 여정이 독자분들께 큰 도움이 되기를 바라며, 저의 적극적인 지원과 응원을 약속드립니다. 감사합니다.

퍼펙트 컬러타로

ⓒ 김태인, 2023

초판 1쇄 발행 2023년 7월 10일

지은이   김태인
펴낸이   이기봉
편집   좋은땅 편집팀
펴낸곳   도서출판 좋은땅
주소   서울특별시 마포구 양화로12길 26 지월드빌딩 (서교동 395-7)
전화   02)374-8616~7
팩스   02)374-8614
이메일   gworldbook@naver.com
홈페이지   www.g-world.co.kr

ISBN   979-11-388-2068-4 (03180)